KB268293

두란노 머스트북 6

본회퍼의
함께 사는 삶

Gemeinsames Leben

본회퍼의 함께 사는 삶

지은이 | 디트리히 본회퍼
옮긴이 | 최종훈, 문성모
초판 발행 | 2026. 3. 18.
등록번호 | 제1988-000080호
등록된 곳 | 서울특별시 용산구 서빙고로65길 38 두란노빌딩
발행처 | 사단법인 두란노서원
영업부 | 02)2078-3333   FAX | 080-749-3705
출판부 | 02)2078-3330

책값은 뒤표지에 있습니다.
ISBN 978-89-531-5276-2 04230
      978-89-531-3462-1 04230 (세트)

독자의 의견을 기다립니다.
tpress@duranno.com   www.duranno.com

Gemeinsames Leben

본회퍼의
함께 사는 삶

디트리히 본회퍼 지음

최종훈 · 문성모 옮김

두란노

※ 이 책은 두 명의 번역가가 나누어 번역했습니다.

• 1-5장: 최종훈
• 〈본회퍼 서거 80주년 특별판에 대하여〉, 서문, 부록: 문성모

《본회퍼의 함께 사는 삶》(*Gemeinsames Leben*) 특별판은 1945년 4월 9일 본회퍼 서거일의 80주년을 기념하여 출간되었다. 본회퍼의 시 "그 선한 힘에 고요히 감싸여"(*Von guten Mächten*)는 널리 알려져 있다. 이 시는 전 세계 주요 언어로 번역되고 지금까지 70회 이상 선율이 붙여졌을 정도로 큰 사랑을 받았으며, 독일어권에서는 가톨릭 성가집과 개신교 찬송가에 다 수록되었다.

본회퍼는 제2차 세계 대전이 끝나기 불과 한 달 전, 히틀러의 개인적인 명령으로 바이에른주 오버팔츠의 플로센뷔르크 강제 수용소에서 나치에게 처형당했다. 이렇게 순교한 그는 오늘날 전 세계 그리스도인에게 성인으로 추앙받고 있다. 자신의 신념을 위해 목숨을 바쳤기에 특히 젊은이들이 그를 깊이 신뢰하고 존경한다. 영국 성공회의 상징적인 성당인 런던 웨스트민스터 대성당 서문 위쪽의 벽감(壁龕)에는 20세기 순교자 10인의 석상이 설치되어 있는데, 오스카 로메로 주교, 마틴 루터 킹 목사 등과 함께 본회퍼도 그곳에 있다.

본회퍼가 교파를 초월해서 영적 삶에 깊은 영감을 주는 인물로 자리매김한 것은 자연스러운 일이 아니었다. 그의 집안은 대대로 유명한 신학자를 배출한 명문가였지만, 당시 독일의 최고 정신과 의사였던 아버지 카를 본회퍼와 형들은 신의 존재를 증명할 수 없다고 믿거나 종교에 관심을 두지 않는 성향이었다.

하지만 디트리히 본회퍼는 달랐다. 그는 1930년부터 1931년까지 뉴욕 유학 시절에, 할렘의 흑인 침례교회 활동에 참여하면서 예수 그리스도를 인격적으로 영접했다. 그때부터 개인 기도와 성경 읽기를 병행하며 규칙적인 영적 훈련을 시작했다.

주목할 만한 점은 이러한 영적 전환이 그의 저서 속 언어에도 영향을 미쳤다는 사실이다. 본회퍼는 주석을 다는 통상적인 학술서 저술 방식을 버리고, 신학 지식이 없는 평신도도 이해할 수 있는 언어를 사용하기 시작했다. 여기에 또 다른 상황이 맞물렸다. 1935년, 런던에서 해외 사역을 마치고 고백교회 신학교를 책임지기 위해 독일로 돌아온 그는 나치 정권의 탄압을 피해 지하 활동을 시작했다. 나치 정권과 제국교회 측에서 그가 진행하는 '목사 후보생'(Vikar) 교육을 거부했기 때문이다.

엄밀히 말하면, 이때부터 기독교 신앙에 관한 그의 모든 고찰은 '지하 신학'이라는 특별한 성격을 띤다. 이는 《본회퍼의 함께 사는 삶》에도 해당된다. 이로써 본회퍼는 옥중에서 교회에 편지를 썼던 사도 바울과 바르트부르크 성에 은신하는 동안 의미가 큰 책을 저술하고 신약성경 번역을 완수한 종교 개혁자 마르틴 루터와 궤를 같이하게 된다. 왜냐하면 신학적 고찰의 진정한 가치는 생사가 걸린 극한의 상황에서 가장 선명하게 증명되기 때문이다.

《본회퍼의 함께 사는 삶》 특별판은 본회퍼 생전에 출간된 마지막 판본을 가지고 작업했다. 필자의 해설을 실어, 이 책의 집필 배경과 특성, 주요 내용, 오늘날 갖는 의미를 요약했다.

2024년 가을, 라이프치히에서

페터 치머링 *

---

* 페터 치머링(Peter Zimmerling): 신학박사. 라이프치히대학교 신학부 실천신학 겸임교수, 라이프치히 개신교 연구센터 초대 센터장을 역임했다. 전문 연구 분야는 설교학, 목회 상담, 개신교 영성, 기독교 신비주의였으며, 특히 마르틴 루터, 니콜라우스 폰 진첸도르프, 디트리히 본회퍼, 은사주의 운동에 관한 연구와 저술 활동을 했다.

서
문

이 책에서 다루는 사안은 본질상 공동의 노력으로만 진전될 수 있습니다. 이는 사적인 모임에 속한 것이 아니라 교회 전체에 주어진 과업이기 때문입니다. 따라서 몇몇 사람이 우발적으로 시도하는 단편적 해결책에 머물러서는 안 되며, 교회가 공동의 책임으로 다루어야 합니다.

이제 막 중요성을 깨닫기 시작한 이 과업 앞에서 주저하는 마음은 당연하지만, 이러한 망설임은 교회를 세우기 위해 서로 돕겠다는 적극적 의지로 바뀌어야 합니다. 오늘날 교회 공동체의 형태가 매우 다양해진 만큼, 책임 있는 모든 이의 깨어 있는 협력이 절실합니다. 이제 이어지는 글이 이 광범위한 문제에 조금이라도 기여하고 이론적 명료화와 실천을 돕는 길잡이가 되기를 바랍니다.

Gemeinsames
Leben

1
그리스도의 공동체

죄와 결핍 속에서도
하나님의 은혜 아래 함께 서다

"보라 형제가 연합하여 동거함이 어찌 그리 선하고 아름다운고"(시 133:1). 지금부터 하나님 말씀 아래 더불어 살아가는 삶에 관해 성경이 제시하는 몇 가지 명령과 가르침을 차근차근 살펴보려고 합니다.

그리스도인이 다른 그리스도인들과 함께 살아가는 특권을 지녔다는 사실은 그냥 듣고 넘길 이야기가 아닙니다. 예수 그리스도는 적들에게 겹겹이 둘러싸여 지내셨습니다. 막바지에는 제자들마저 등을 돌리고 달아났습니다. 십자가에 이르면 예수님은 철저하게 혼자입니다. 주위에는 온통 악한 짓을 한 죄인과 조롱하는 무리뿐입니다. 주님은 바로 그 때문에 세상에 오셨습니다. 하나님의 원수들에게 평화를 주려고 말입니다. 따라서 그리스도인 또한 은둔 생활을 하는 수도원이 아니라 사방에 적이들어찬 세상에 있어야 마땅합니다. 그리스도인의 소명, 감당해야 할 사역이 거기에 있습니다. "하나님 나라는 너희 원수들 한 가운데 있어야 한다. 이것을 원하지 않는 사람은 그리스도의 나라에 속하길 원치 않는 것이다. 친구들에게 에워싸인 채 장미와 백합 곁에, 죄인이 아니라 신앙 좋은 사람들 틈에 살고 싶어 할 따름이다. 하나님을 욕보이고 그리스도를 배신하는 자들아! 그리스도가 너희처럼 처신하셨더라면 누가 구원을 받을 수 있었겠는가!"(마르틴 루터).

그리스도인 교제의
특권과 풍요로움

"내가 그들을 여러 백성들 가운데 흩으려니와 그들이 먼 곳에서 나를 기억하고"(슥 10:9). 하나님의 이런 뜻에 비춰 보면 그리스도인들은 흩어진, "땅의 모든 나라 중에"(신 28:25) 씨앗처럼 흩뿌려진 사람들입니다. 이것은 하나님의 백성이 받은 저주이자 약속입니다. 하나님의 백성은 반드시 먼 나라에서 이방인들과 어울려 살아야 합니다. 그렇게 온 세상에서 하나님 나라의 씨앗이 되는 것입니다. "내가 … 그들을 모을 것은 내가 그들을 구속하였음이라 그들이 … 돌아올지라"(슥 10:8-9).

그 일이 언제 일어날까요? 벌써 일어났습니다. "흩어진 하나님의 자녀를 모아 하나가 되게 하기 위하여"(요 11:52) 죽으신 예수 그리스도를 통해 그 일이 진작 이루어졌고, 하나님의 천사들이 "[인자가] 택하신 자들을 하늘 이 끝에서 저 끝까지 사방에서"(마 24:31) 모으는 날, 마침내 우리는 두 눈으로 확인할 것입니다. 그때까지 하나님의 백성은 흩어져 살아갑니다. 그저 예수 그리스도 안에서만 하나가 될 뿐입니다. 먼 나라에 뿔뿔이 흩어진 채 믿지 않는 이들 틈에 섞여서 그리스도를 기억한다는 사실에 의해서만 하나가 되는 것입니다.

그러므로 그리스도인이 동료 그리스도인들과 실질적 교제를 나누며 살아갈 특권이 있다는 사실은, 그리스도가 처형된 순간과 최후 심판 날 사이에 은혜로 누리는, 마지막 날에 있을 일에 대한 유일한 예표입니다. 그리스도를 따르는 성도들이 실제로 함께 모여서 하나님 말씀과 성찬을 나눌 수 있는 것은 하나님의 은혜입니다. 그리스도인이라고 해서 누구나 이런 은혜를 만끽하는 것은 아닙니다. 감옥에 갇히거나 몸이 아프거나 여기저기 흩어져 외로이 사는 이들, 하나님을 모르는 지역에서 복음을 전하는 이들 곁에는 아무도 없습니다. 그러니 실제로 낯을 마주하는 교제가 축복임을 실감할 수밖에 없습니다. 시편 기자처럼 그들은 "성일을 지키는 무리와 동행하여 기쁨과 감사의 소리를 내며" 하나님의 집으로 갔던 일(시 42:4)을 잊지 못합니다.

하지만 이들은 하나님의 뜻을 좇아 흩어진 씨앗이 되어 먼 나라에 홀로 머무릅니다. 현실적으로 불가능한 교제에 믿음으로 더 절박하게 매달립니다. 유배지에서 계시록을 쓴 주님의 제자 사도 요한은 밧모섬에 고립되었지만 "주의 날에 … 성령에 감동되어"(계 1:10) 온 교회와 더불어 하늘의 예배를 드립니다. 주님의 교회를 뜻하는 일곱 촛대와 그분의 사자를 상징하는 일곱 별, 그 한가운데와 그들 위에 부활의 영광으로 임재하신 인자 예수 그리스도를 목격합니다. 주님은 그분의 말씀으로 제자를 강하고 견고하게 하십니다. 이것이 바로 주님이 부활하신 날에, 유배된 이들이 나누는 하늘의 교제입니다.

다른 그리스도인이 육체로 옆에 존재하는 것은 그리스도인에게 더없는 기쁨과 힘의 근원입니다. 감옥에 갇힌 사도 바울은 '믿음 안에서 사랑하는 아들' 디모데에게 삶의 끝자락에 이른 자신을 만나러 와 달라고 간곡히 요청합니다. 바울은 디모데가 보고 싶었고 그를 곁에 두고 싶었습니다. 앞선 이별에서 디모데가 흘렸던 눈물을 바울은 잊지 못합니다(딤후 1:4). 데살로니가 교회를 생각하면서도 성도들의 얼굴을 직접 볼 수 있기를 밤낮으로 간절히 기도합니다(살전 3:10). 노년의 요한은 먹으로 편지를 쓰는 대신 믿음의 형제들에게 직접 가서 얼굴을 마주하고 이야기를 나누어야 기쁨이 충만하리라는 사실을 분명히 알고 있었습니다(요이 1:12).

그리스도인은 같은 신앙을 가진 이들과 함께하고 싶은 마음이 드는 것을 육신적이라 생각하여 부끄러워하지 않습니다. 인간은 본디 육신으로 창조되었고, 하나님의 아들도 육신을 입고 세상에 오셨으며 육신으로 부활하셨습니다. 그리스도인은 성만찬에서 주 그리스도를 몸으로 받아들이고, 죽은 이들의 부활을 통해 하나님의 영적-육신적 피조물과 흠 없이 완전한 교제를 하게 될 것입니다. 그러므로 그리스도인은 형제의 육체적 현존을 허락하신 창조주이자 중보자이며 구속자이신 성부, 성자, 성령 하나님을 찬양합니다. 감옥에 갇힌 이들, 몸이 아픈 이들, 여기저기서 타향살이하는 이들은 동료 그리스도인과 교제를 나누면서 삼위일체 하나님의 은혜로운 임재를 보여 주는 물리적 표지를 확인합니다. 외로운 삶에서 누군가를 찾아가는 이와 그를 맞이하는 이는 서로를 통해서, 몸으로 실재하시는 그리스도를 알아봅니다. 그들은 마치 주님을 만난 듯 경건함과 겸손, 기쁨으로 서로를 대하고 영접합니다. 서로를 축복하고 그 축복을 주 예수 그리스도의 축복으로 받아들입니다.

형제가 형제를 단 한 번 만나서 맛보는 축복과 기쁨이 그토록 크다면, 하나님의 뜻에 힘입어 다른 그리스도인과 날마다 교제하며 사는 특권을 지닌 이들에게는 얼마나 어마어마한 풍요로움이 주어져 있는 걸까요? 당연하게도, 외롭게 사는 이들에게는 이것이 형언할 수 없는 하나님의 은혜이지만 이 큰 선물을 날마다 받아 누리는 이들은 가벼이 여기고 짓밟기도 합니다. 동료 그리스도인과 나누는 교제는 값없이 주시는 하나님 나라 선물입니다. 언제라도 사라질 수 있으니 철저한 외로움을 면할 시간은 정말 짧을지도 모릅니다. 그러므로 지금껏 다른 성도들과 함께 사는 은택을 입은 그리스도인들은 마음 깊은 곳에서 진심으로 하나님의 은혜를 찬양해야 합니다. 무릎 꿇고 하나님께 감사하며, 형제자매와 교제하며 살아가도록 허락받은 것이 하나님의 은혜, 오직 은혜임을 고백해야 합니다.

하나님이 공동체라는 실질적인 선물을 주시는 방식은 다양합니다. 타향살이하는 그리스도인은 동료 그리스도인이 잠깐 찾아오거나, 함께 기도해 주거나, 축복해 줄 때 위로받습니다. 그리스도인이 손으로 쓴 편지를 받고 힘을 얻기도 합니다. 바울이 친필로 써 보낸 편지의 문안 인사는 영락없는 공동체의 표식이었습니다. 주일 공동 예배라는 선물을 받은 이들도 있습니다. 어떤 이들은 가족끼리 교제하면서 그리스도인의 삶을 사는 특권을 누립니다. 신학생은 안수받기 전, 일정 기간 동안 믿음의 형제들과 더불어 생활하는 선물을 받습니다. 성실한 요즘 그리스도인들은 일을 쉬고 다른 그리스도인들과 말씀을 좇아 함께 살고자 하는 깊은 갈망을 품기도 합니다. 오늘날 그리스도인들은 공동생활을 특별한 은혜로 새로이 받아들이고 있습니다. 그리스도인의 삶에서 공동생활이 '장미와 백합'(마르틴 루터)임을 이해한 것입니다.

예수 그리스도를 통해서, 예수 그리스도 안에서

그리스도인의 신앙은 예수 그리스도를 통해 예수 그리스도 안에서 함께 살아가는 삶을 의미합니다. 어떤 그리스도인 공동체도 이보다 더하거나 덜할 수 없습니다. 단 한 번 잠깐 마주하든, 오랫동안 날마다 만나 교제하든, 기독교 공동체는 이것이 전부입니다. 예수 그리스도를 통해서, 그 안에서만 서로에게 속할 뿐입니다.

이것이 무슨 뜻일까요? 첫째, 그리스도인은 예수 그리스도 때문에 다른 그리스도인이 필요하다는 의미입니다. 둘째, 그리스도인은 예수 그리스도를 통해서만 다른 그리스도인에게 다가갈 수 있다는 뜻입니다. 셋째, 우리는 예수 그리스도 안에서 영원 전에 선택되었고, 올바른 때에 받아들여졌으며, 영원히 연합되었다는 의미입니다. 이 세 가지를 자세히 살펴보겠습니다.

첫째, 그리스도인은 구원과 해방, 의를 더 이상 자기 자신에게서 찾지 않고 오로지 예수 그리스도 안에서만 찾는 사람입니다. 그는 자기 죄를 자각하지 못할 때에도 하나님의 말씀이 예수 그리스도 안에서 그를 죄인이라고 선언함을 알고 있습니다. 자신이 눈곱만큼도 의롭다 여겨지지 않는 상황이지만 하나님의 말씀이 예수 그리스도 안에서 그를 죄 없는 의로운 사람으로 선언하신다는 사실도 알고 있습니다. 그리스도인은 더 이상 자기 주장과 자기 의에 기대어 제힘으로 살지 않고 하나님이 선포하신 사실과 의롭게 여겨 주심에 의지하여 살아갑니다. 그에게 죄가 있다고 하시든 없다고 하시든, 온전히 자신에게 선언된 하나님 말씀에 의지하여 살아갑니다.

그리스도인의 죽음과 삶은 제힘으로 어찌해 볼 수 있는 것이 아닙니다. 다만 밖에서 그에게 임한 말씀, 그러니까 하나님이 주신 말씀 안에서 알게 될 따름입니다. 종교 개혁가들은 우리의 의로움은 '외래적 의'(fremde Gerechtigkeit), 다시 말해 바깥에서 주어진 의(extra nos)라고 표현합니다. 그리스도인은 하나님이 주신 말씀에 의지하여 산다고 그들은 말합니다. 그리스도인은 외부에서 온, 즉 자신에게 주어지는 말씀을 향합니다. 전적으로 예수 그리스도 안에 있는 하나님 말씀이 보여 주는 사실에 힘입어 삽니다. 누군가 네 구원과 의로움의 근거가 무엇인지 묻는다면, 그리스도인은 결코 자신을 가리킬 수 없습니다. 예수 그리스도 안에 있는 하나님의 말씀, 구원과 의로움을 보증하는 그 말씀을 지목할 뿐입니다. 힘닿는 대로 이 말씀에 주의를 집중합니다. 날마다 의에 주리고 목마르기에 날마다 구원의 말씀을 갈망합니다. 그런데 그 말씀은 언제나 바깥에서만 올 수 있습니다. 그의 내면은 곤궁하고 생명이 끊어졌습니다. 도움은 밖에서 와야 합니다. 그 도움은 구원과 의로움, 순결과 축복을 가져다주시는 예수 그리스도의 말씀 안에서 주어지며, 날마다 새롭게 다가옵니다.

그런데 하나님은 이 말씀을 인간의 입에 넣어 주셔서 다른 사람에게 전달되게 하셨습니다. 말씀에 감동받으면 누군가에게 이야기하게 됩니다. 하나님은 우리가 형제의 증언을 들음으로, 다시 말해 사람의 입을 통해 그분의 살아 있는 말씀을 추구하고 찾아내기를 바라셨습니다. 그러므로 그리스도인에게는 하나님 말씀을 전해 줄 다른 그리스도인이 필요합니다. 확신이 사라지고 용기를 잃을 때마다 다시, 또다시 그러한 신앙의 동료가 필요합니다. 제힘으로는 자기를 도울 도리가 없기 때문입니다. 만약 그럴 수 있다고 주장한다면 진리에 대해 스스로 기만하는 것입니다. 구원의 거룩한 말씀을 품고 있다가 그에게 분명하게 제시해 줄 형제가 반드시 있어야 합니다.

순전히 예수 그리스도 때문에 우리는 형제가 필요합니다. 내 마음에 지닌 그리스도는 형제의 말 속에 있는 그리스도보다 약합니다. 내 마음속의 그리스도는 불확실하지만, 형제의 말 속에 있는 그리스도는 확실합니다. 이러한 사실은 기독교 공동체의 목표가 무엇인지 또렷이 보여 줍니다. 그리스도인들은 구원의 메시지를 전하는 심부름꾼으로 함께 어울립니다. 하나님은 그렇게 그리스도인들을 모으시고 공동체를 이루게 하십니다. 그리스도인의 교제는 오직 예수 그리스도와 이 '외래적 의'를 토대로 합니다. 그러므로 그리스도인 공동체는 오직 은혜로 의로워진다는 성경과 종교 개혁 메시지에서 비롯되며, 그리스도인들이 서로를 갈망하는 근거도 이것뿐이라고 말할 수 있습니다.

둘째로, 그리스도인들은 오직 그리스도를 통해서만 가까워집니다. 사람들 사이에는 다툼이 있습니다. 바울은 예수 그리스도가 "우리의 평화"(엡 2:14, 새번역)라고 말합니다. 분열되었던 인류는 그리스도 안에서 하나가 되었습니다. 그리스도가 없다면 하나님과 인간, 인간과 인간 사이에 불협화음이 생기게 마련입니다. 그리스도는 중보자가 되셔서 하나님과 사람들 사이에 그리고 사람들 사이에 평화를 이루셨습니다. 그리스도 없이는 하나님을 알 수도 없고, 하나님을 부를 수도 없고, 하나님께 나아갈 수도 없습니다. 그뿐만 아니라, 그리스도가 없다면 형제를 알지도 못하고 그에게 가까이 다가갈 수도 없을 것입니다. 우리의 자아가 그 길을 막고 있습니다. 그리스도는 하나님과 형제에게 통하는 길을 활짝 여셨습니다. 이제 그리스도인들은 평화롭게 어울려 살 수 있습니다. 서로 사랑하며 하나가 될 수 있습니다. 하지만 단 한 분, 예수 그리스도를 통해서만 지속적으로 그렇게 할 수 있습니다. 그리스도 안에서만 우리는 하나입니다. 오직 그리스도를 통해서만 하나로 연합합니다. 영원토록 주님은 우리의 유일한 중보자가 되십니다.

셋째로, 하나님의 아들은 육신을 취하셨을 때 순전히 은혜로 말미암아 우리의 존재, 우리의 본성, 우리의 자아를 우리 육신의 모습 그대로 입으셨습니다. 이것이 삼위일체 하나님의 영원한 뜻이었습니다. 이제 우리는 하나님의 아들 안에 있습니다. 그분이 계신 곳 어디에서나 그분은 우리의 육신을 입고 우리를 업고 계십니다. 성육신으로든, 십자가 위에든, 부활 가운데든 주님이 계신 곳이라면 우리 역시 그곳에 있습니다. 그분 안에 있으므로 우리는 그분의 소유입니다. 성경이 그리스도인을 그리스도의 몸이라고 일컫는 까닭이 바로 그것입니다.

하지만 이러한 사실을 깨닫고 소망하기도 전에 우리는 예수 그리스도 안에서 온 교회와 함께 택함을 받고 용납되었습니다. 그렇다면 우리는 다른 그리스도인들과 더불어 영원히 그분께 속하게 된 것입니다. 이곳에서 주님과 교제하며 사는 이들은 언젠가 그분과 영원히 함께하는 교제를 누리게 될 것입니다. 형제를 마주할 때면 예수 그리스도 안에서 그와 영원히 연합되리라는 사실을 반드시 떠올려야 합니다. 그리스도인의 교제는 예수 그리스도를 통해, 그분 안에서만 이뤄지는 사귐입니다. 그리스도인의 함께하는 삶과 관련된 지침과 가르침은 하나같이 이 전제를 바탕에 깔고 있습니다.

예수님 안에서
형제가 된다는 것

"형제 사랑에 관하여는 너희에게 쓸 것이 없음은 너희들 자신이 하나님의 가르치심을 받아 서로 사랑함이라 … 형제들아 권하노니 더욱 그렇게 행하고"(살전 4:9-10). 하나님이 친히 형제 사랑을 가르치셨습니다. 인간이 거기에 보탤 수 있는 것은 이 거룩한 가르침을 상기시키고 이 가르침을 더욱 온전히 실천하라고 권면하는 것뿐입니다. 하나님이 자비를 베푸시고, 예수 그리스도를 우리의 '형제'로 계시하시고, 그 사랑으로 우리 마음을 사로잡으셨을 때, 바로 그 순간 거룩한 사랑을 배우는 훈련이 시작되었습니다.

하나님이 우리를 긍휼히 여겨 주셨을 때 우리도 형제를 긍휼히 여기는 법을 배웠습니다. 심판은커녕 용서를 받았을 때, 우리도 형제를 용서할 준비를 갖추게 되었습니다. 하나님이 우리에게 행하신 일을 이제 우리도 형제에게 해야 합니다. 더 많이 받을수록 더 많이 줄 수 있습니다. 형제 사랑이 부족하다면, 우리가 하나님의 은혜와 사랑에 덜 기대고 있다는 증거입니다. 그렇기에 하나님은 그리스도 안에서 우리를 만나 주신 것처럼 우리도 서로를 그렇게 대하라고 친히 가르치셨습니다. "그러므로 그리스도께서 우리를 받아 하나님께 영광을 돌리심과 같이 너희도 서로 받으라"(롬 15:7).

이렇게 하나님이 다른 그리스도인들과 함께하는 삶을 살아가도록 허락하신 이들은 형제가 된다는 말의 의미를 배우게 됩니다. 바울은 교회를 "주님 안에 있는 형제자매"(빌 1:14, 새번역)라고 일컫습니다. 형제 관계는 예수 그리스도를 통해서만 이루어집니다. 예수 그리스도가 나를 위해, 내게 해 주신 일을 통해서 나는 다른 이와 형제가 됩니다. 상대방도 예수 그리스도가 그를 위해 해 주신 일을 통해서 나와 형제가 됩니다. 단 한 분, 예수

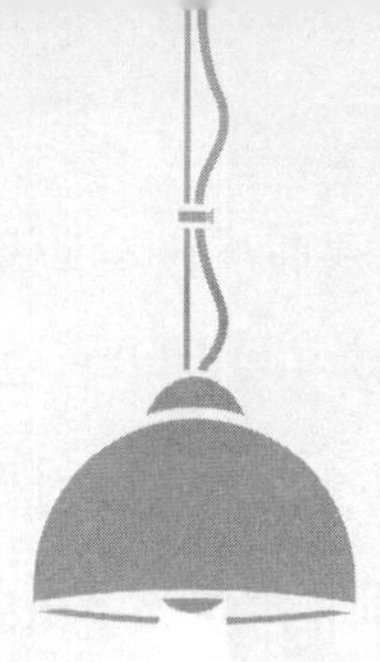

하나님이 우리를 긍휼히 여겨 주셨을 때
우리도 형제를 긍휼히 여기는 법을 배웠습니다.
심판은커녕 용서를 받았을 때,
우리도 형제를 용서할 준비를 갖추게 되었습니다.

형제 사랑이 부족하다면,
우리가 하나님의 은혜와 사랑에
덜 기대고 있다는 증거입니다.

그리스도를 통해서만 서로 형제가 된다는 사실은 이루 헤아릴 수 없을 만큼 뜻깊습니다. 그러므로 착실하고 경건한 사람, 내 형제가 되고자 찾아오는 사람들만 교제 대상으로 삼아서는 안 됩니다. 우리의 형제는 그리스도를 통해 구원받고, 죄에서 해방되었으며, 믿음과 영원한 삶으로 부름받은 사람입니다.

그리스도인으로서 그의 됨됨이와 영성이 어떠하며 신앙이 얼마나 독실한지는 우리 교제의 토대가 아닙니다. '형제 됨'을 좌우하는 요소는 그가 그리스도로 인해 어떤 존재가 되었느냐입니다. 우리가 나누는 교제는 그리스도가 우리 두 사람에게 해 주신 일에만 근거합니다. 처음에만 그런 게 아닙니다. 시간이 흐르면서 교제에 무언가가 보태지는 것이 아니며 앞으로도, 아니 언제까지라도 한결같습니다. 예수 그리스도를 통해서만 다른 이들과 사귀고 교제를 이어 나갈 따름입니다. 교제가 더 참되고 깊어질수록 우리 사이에 끼어 있는 온갖 것은 점점 희미해지고, 사귐이 더 투명하고 순수해질수록 오로지 그리스도와 그분의 사역만이 우리 안에서 생생해집니다. 우리는 그리스도를 통해서만 서로를 소유하되, 온전하게 영원히 소유합니다.

이러한 사실은 더 큰 무언가를 갈망하는 온갖 강렬한 욕구를 단번에 날려 버립니다. 그리스도가 세워 놓으신 것 너머의 다른 무언가를 원하는 사람은 기독교 형제 공동체를 바라는 것이 아닙니다. 다른 데서 누리지 못하는 특별한 교제의 경험을 좇을 뿐이며, 그리스도인의 사귐에 탁하고 불순한 욕망을 끌어들이는 것입니다. 기독교 형제 공동체는 첫발을 떼기가 무섭게 바로 이 지점에서 가장 큰 위험, 즉 뿌리부터 오염될 위험을 맞닥뜨리며 위기에 빠지기 일쑤입니다. 기독교 형제 공동체를 이상화된 종교적 공동체 이미지와 혼동하고, 종교적 마음에서 비롯되는 공동체를 향한 자연스러운 욕구를 기독교 형제 공동체의 영적 실체와 혼동하는 것입니다.

기독교 형제 공동체가 처음부터 다음 두 가지 사실을 분명히 알고 행하느냐에 따라 모든 것이 달라집니다. 첫째, 기독교 형제 공동체는 이상이 아니라 하나님이 허락하신 실재입니다. 둘째, 기독교 형제 공동체는 영적 실재이지 정신적 실재가 아닙니다.

이상이 아니라
하나님이 허락하신 실재

이상적인 꿈을 좇다가 기독교 공동체 전체가 무너진 사례는 헤아릴 수 없을 만큼 많습니다. 기독교 공동체에 첫발을 들이는 진지한 그리스도인은 저마다 신자의 공동생활이 어떠해야 한다는 명확한 이미지를 품고 그 이상을 실현하려고 애쓰기 마련입니다. 하지만 그러한 꿈을 삽시간에 흩어 버리는 것 역시 하나님의 은혜입니다. 우리는 다른 사람들에 대한 실망, 대다수의 그리스도인들에 대한 실망 그리고 운이 좋다면 우리 자신에 대한 환멸에 짓눌릴 수밖에 없습니다. 그러나 이를 통해 하나님은 그리스도인의 교제가 어떤 모습이어야 하는지 깨닫도록 인도하십니다.

하나님은 순전한 은혜를 베푸셔서 우리가 잠시라도 꿈의 세계에서 헤매지 않게 하십니다. 꿈결처럼 다가오는 짜릿한 경험과 고상한 기분에 빠져 지내도록 내버려두지 않으십니다. 하나님은 감정의 하나님이 아니라 진리의 하나님입니다. 그러한 환멸, 마땅찮고 추악한 온갖 면모와 맞닥뜨린 무리만이 하나님 보시기에 합당한 공동체가 되어 가기 시작합니다. 공동체에 주신 약속을 믿음으로 붙잡기 시작합니다. 개인으로든 공동체로든, 꿈이 깨지는 충격은 빨리 찾아올수록 좋습니다. 그 위기를 견딜 수 없거나 거기에서 헤어나지 못하는 공동체, 산산이 깨져야 할 그 환상을 한사코 고집하며 놓지 못하는 공동체는 바로 그 순간부터 기독교 공동체가 받은 약속을 영구히 상실하며 끝내 무너지고 맙니다.

기독교 공동체에 끼어든 모든 인간적인 소망은 진정한 공동체를 이루는 데 걸림돌로 작용하기 때문에 참다운 공동체를 지켜 나가기 위해서는 반드시 몰아내야 합니다. 그리스도인의 공동체 자체보다 공동체에 대한 자기 꿈을 더 사랑하는 이는 자신의 동기가 제아무리 정직하고 정당하고 희생적이라 할지라도 결국 공동체를 망치는 파괴자가 됩니다.

하나님은 헛된 꿈을 미워하십니다. 헛꿈은 꿈꾸는 이를 오만하고 젠체하게 만듭니다. 공동체와 관련해서 비현실적 그림을 그리는 이는 하나님과 동료들과 스스로를 향해 자신이 품은 이상을 구현해 내라고 요구합니다. 그는 자기 요구를 끌어안고 공동체에 들어와서 자신의 규칙을 세운 다음 거기에 맞춰 형제들을, 더 나아가 하나님까지 판단합니다. 완강하게 버티고 서서 '형제'라는 울타리 안에 있는 모든 이에게 강한 비난을 퍼부어 댑니다. 자신이 기독교 공동체를 고안해 낸 창시자인 것처럼, 자신의 꿈이 사람들을 결속시키는 것인 양 행세합니다. 일이 자기 뜻대로 돌아가지 않으면 그간의 노력을 실패로 규정합니다. 자신이 생각한 이상적 그림이 망가지면 공동체가 풍비박산되리라고 생각합니다. 그래서 마침내 그는 고발자가 됩니다. 먼저 형제들을 정죄하고, 이어서 하나님을, 끝내는 자포자기 상태에 빠져 자신까지 정죄하기에 이릅니다.

하나님은 이미 우리가 서로 사귈 수 있는 유일한 토대를 놓으셨고 공동생활을 시작하기 훨씬 전부터 다른 그리스도인들과 한 몸으로 묶어 주셨습니다. 그러므로 우리는 요구하는 자가 아니라 감사하며 선물을 받는 존재로 공동체에 들어갑니다. 하나님이 우리를 위해 해 주신 일에 감사합니다. 하나님의 부르심과 용서, 그분의 언약에 기대어 살아가는 형제들을 허락하신 것에 감사합니다. 하나님이 주시지 않은 것을 두고 불평하지 않으며, 다만 날마다 베푸시는 것에 감사할 따름입니다.

죄와 결핍을 헤쳐 나가며 하나님의 은혜 아래서 더불어 살아갈 형제들이 있으니, 그만하면 넉넉히 주신 것 아닐까요? 상황이 어떠하든, 설령 더없이 힘들고 골치 아픈 시기라 해도, 기독교 공동체라는 하나님의 선물만 한 것이 또 있을까요? 죄와 오해가 공동생활을 무겁게 짓누르는 순간이라 해도, 죄를 짓고 있는 그 형제는 여전히 그리스도의 말씀 아래 나란히 선 형제 아닙니까? 그러니 형제의 죄는 너나없이 예수 그리스도 안에서 용서를 베푸시는 하나님의 사랑 안에서만 살 수 있음에 감사할 확실한 기회가 되지 않을까요? 그러므로 형제에게 깊이 실망하는 순간이야말로 자신에게 비할 바 없이 이로운 시간입니다. 아무도 자기 말과 공로로 살 수 없으며 진정으로 우리를 하나로 묶어 주는 단 하나의 말씀과 단 하나의 공로(예수 그리스도 안에서 죄를 용서해 주심)로만 가능하다는 사실을 뼈저리게 가르쳐 주기 때문입니다. 아침 안개가 걷히듯 환상이 사라질 때, 비로소 기독교 공동체의 밝은 날이 동터옵니다.

그리스도인의 삶 전반에서 그러하듯, 그리스도인의 공동체에서도 감사가 중요합니다. 작은 것에 감사하는 사람만이 큰 것을 받습니다. 하나님이 날마다 주시는 선물에 감사하지 않으면 하나님이 예비해 두신 엄청난 영적 은사를 받아 누리지 못합니다. 이미 주신 한 줌의 영적인 깨달음과 경험, 사랑 따위에 덥석 만족해서는 안 되고, 열과 성을 다해 끊임없이 최상의 경지를 추구해야 한다고 생각하는 경우가 있습니다. 하나님이 다른 사람에게 허락하신 깊은 확신이나 견고한 믿음, 풍성한 경험 따위가 자신에게는 턱없이 부족함을 애석해하며 그런 탄식을 경건함의 표지로 여기는 것입니다. 큼직한 무언가를 달라고 기도하면서 평범하고 소소하나 실상은 결코 작지 않은 선물에 감사하는 일은 잊어버립니다. 작은 것에 감사하지 않는 사람에게 어떻게 하나님이 큰 것을 맡길 수 있겠습니까?

자신이 몸담은 그리스도인의 공동체를 두고 날마다 감사하기는커녕, 오히려 만사가 시시하고 하찮으며 기대에 훨씬 못 미친다고 하나님께 쉴 새 없이 불평만 늘어놓는다면, 예수 그리스도 안에서 계획해 놓으신 분량과 풍성함에 이르도록 공동체를 키워 나가시려는 하나님을 가로막는 것입니다. 우리가 몸담은 공동체가 대단한 체험을 한 일이 없고 풍요롭다고 할 만한 점도 하나 없고, 오히려 온갖 약점과 빈약한 믿음, 만족스럽지 못한 구석뿐이라 해도 달라질 것은 없습니다.

이것은 특히 목회자와 열성적인 교인들이 그들 교회의 교인들을 두고 토로하는 불평과 관련 있습니다. 목회자는 교인들에 대해 불평해서는 안 됩니다. 사람들 앞에서 교인들에 대한 불평을 늘어놓아서는 안 됩니다. 하나님께도 하지 말아야 합니다. 목회자는 하나님과 사람들 앞에서 고발인 노릇을 하라고 교인들을 위탁받지 않았습니다. 몸담은 그리스도인의 공동체에서 마음이 멀어지고 불평이 올라오기 시작한다면, 하나님이 흩어 버리셔야 할 인간적인 욕망에서 문제가 비롯된 것은 아닌지 우선 자신을 돌아봐야 합니다.

만일 그런 경우라면 그처럼 곤란한 처지에 빠지도록 이끄신 하나님께 감사해야 합니다. 그런 경우가 아니라 해도, 하나님 앞에서 교인들을 고소하는 고발자가 되지 않도록 조심해야 합니다. 오히려 자신의 불신앙을 꾸짖으십시오. 자신의 실패와 개인적인 죄를 알려 달라고, 형제들에게 상처 주지 않게 해 달라고 기도하십시오. 자신이 죄를 짓고 있음을 의식하고 형제들을 위해 중보 기도를 드리십시오. 자신이 맡은 일을 감당하면서 하나님께 감사하십시오.

그리스도인의 공동체는 성도의 성화와 비슷합니다. 이것은 하나님의 선물일 뿐 우리가 요구할 수 있는 것이 아닙니다. 성화가 그러하듯, 공동체의 정확한 상태도 하나님만 아십니다. 우리 눈에는 약하고 보잘것없어 보이지만 하나님께는 크고 영광스러울지 모릅니다. 쉴 새 없이 영적 맥박을 짚어 볼 필요가 없듯이, 하나님이 우리에게 그리스도인의 공동체를 맡기신 것도 끊임없이 체온이나 재라는 뜻이 아닙니다. 우리에게 주어진 것을 날마다 더욱 감사하는 마음으로 받을수록 공동체는 하나님이 기뻐하시는 뜻을 좇아 날마다 확실하고 꾸준하게 성장하고 발전합니다.

그리스도인의 형제애는 반드시 실현해야 할 이상이 아니라 그리스도 안에서 참여하도록 하나님이 창조하신 현실입니다. 공동체의 근거와 힘, 약속이 예수 그리스도께만 있음을 또렷이 깨달을수록 더 차분하게 공동체를 생각하고 이를 위해 기도하며 소망을 품게 됩니다.

그리스도인의 공동체는 예수 그리스도에게만 토대를 두고 있으므로 영적 실재이지 인간적 실재가 아닙니다. 바로 이 점에서 다른 공동체와 완전히 다릅니다. 성경은 주님이자 구원자이신 예수 그리스도가 우리 마음에 부어 주신 성령의 일만을 '영적인' 또는 '신령한' 역사라고 말합니다. 인간 영혼의 태생적인 열망과 재능과 능력에서 비롯되는 일은 '정신적' 또는 '인간적'이라고 말합니다.

모든 영적 실재의 토대는 예수 그리스도 안에 있는 명쾌하고 명징한 하나님의 말씀입니다. 인간적 실재의 바탕은 사람의 마음에서 나오는 어둡고 혼탁한 충동과 욕망입니다. 영적 공동체의 근거는 진리이지만, 인간의 정신적 공동체를 이루는 기초는 욕망입니다. 영적 공동체의 본질은 빛입니다. "하나님은 빛"이시고 "그에게는 어둠이 조금도" 없으시며(요일 1:5) "우리도 빛 가운데 행하면 우리가 서로 사귐이"(요일 1:7) 있기 때문입니다. 인간의 정신을 바탕으로 한 공동체의 본질은 어둠입니다. "속에서 곧 사람의 마음에서 나오는 것은 악한 생각"(막 7:21)이기 때문입니다. 이는 모든 인간 행동의 근원에 깃든 깊은 어둠으로, 심지어 고상하고 경건한 욕구까지 뒤덮고 있습니다.

영적 공동체는 그리스도의 부름을 받은 이들의 연합인 데 비해, 정신적 공동체는 종교적 열심이 있는 영혼들의 연대입니다. 영적 공동체에서는 형제가 서로 섬기는 밝은 사랑, 곧 아가페가 빛나지만, 정신적 공동체에서는 선과 악이 뒤섞인 어두운 사랑, 곧 에로스가 타오릅니다. 영적 공동체에 질서 있는 형제의 섬김이 있다면, 정신적 공동체에는 자기만족을 좇는 무질서한 욕구가 있습니다. 영적 공동체가 형제를 향한 겸손한 순종이라면, 정신적 공동체는 자신의 욕망을 채우기 위해 겸손한 듯하나 사실은 오만하게 형제에게 복종하는 것입니다.

영적 공동체는 하나님 말씀만이 다스리지만, 정신적 공동체는 말씀과 더불어 남다른 능력과 경험, 매혹적이고 도발적 재능을 갖춘 인간이 지배합니다. 영적 공동체는 하나님의 말씀만이 구속하지만, 정신적 공동체는 말씀 외에도 사람들이 서로를 속박합니다. 영적 공동체에서는 모든 권세와 영광과 통치권을 성령님께 돌리지만, 정신적 공동체에서는 개인의 힘과 영향이 미치는 영역을 추구하고 장려합니다. 그들이 경건한 사람이라면, 가장 고상하고 훌륭한 것을 제공하려는 뜻으로 그리한다는 점은 분명히 진실이지만, 사실상 결과적으로는 성령님을 중심에서 몰아내 비현실적 존재로 끌어내릴 뿐입니다. 실제로 여기에서 작용하는 것은 정신적인 것뿐입니다. 영적 공동체는 성령님이 다스리지만, 인간적 공동체는 심리적 기법과 방식이 지배합니다. 영적 공동체에서는 진솔하면서도 심리적 · 방법론적이 아닌 도와주는 사랑이 전개되지만, 인간적 공동체에서는 심리적 분석과 구성이 펼쳐집니다. 영적 공동체의 경우에는 형제 섬김이 단순하고 겸허하지만, 인간적 공동체의 섬김은 남을 탐색하고 계산적으로 분석하는 내용이 대부분입니다.

아마도 영적 실재와 정신적 실재의 차이는 다음 사항에서 가장 선명하게 드러날지 모릅니다. 영적 공동체에는 어떤 식으로든 개인과 개인 사이에 '직접적' 관계가 존재하지 않지만, 인간적 공동체에는 다른 사람의 영혼과 직접 접촉하고자 하는 깊고도 근본적이며 인간적인 욕구가 있습니다. 마치 육체 안에 다른 육체와 직접적으로 결합하려는 갈망이 존재하는 것과 매한가지입니다. 인간 영혼의 이런 욕구는 '나'와 '너'의 완전한 융합을 이루려 애쓰게 만듭니다. 사랑으로 연합하는 모양으로 드러나기도 하고, 누군가를 자기 권력이나 영향력 내에 억지로 욱여넣는 모양으로 드러나기도 합니다. 사실 이 두 가지는 같은 것입니다. 인간적으로 강한 이들이 터를 잡고 연약한 이들의 찬양과 사랑이나 두려움을 확보합니다. 이곳에서는 인간적인 애착, 암시, 복종이 전부입니다. 영혼과 영혼이 직접 접촉하는 공동체에는, 그리스도가 중재해 주신 공동체만 독창적이고 독특하게 지니고 있을 모든 요소가 뒤틀린 형태로 나타납니다.

그리하여 '정신적인 회심'이라는 것이 존재합니다. 누군가가 의식적으로든 무의식적으로든 권력을 남용해서 다른 사람들이나 공동체 전체에 깊은 영향을 미치고 자기 세력권 안으로 끌어들이는 순간 진정한 회심의 모든 양상이 나타나기도 합니다. 여기서는 한 영혼이 다른 영혼에게 직접 작용합니다. 강자가 약자를 제압하고, 약자의 저항은 상대의 인상적인 인격에 눌려 좌절됩니다. 그러나 그는 눌려 있을 뿐, 문제 자체에 승복한 것은 아닙니다. 이러한 사실은 자신을 움켜쥐고 있는 사람과는 상관없이, 또 어떤 경우에는 그 사람의 뜻을 거슬러서라도 대의에 헌신해야 한다는 요구를 받는 순간에 명백해집니다. 정신적으로 회심한 이는 여기서 무너지고 맙니다. 그의 회심이 성령에 의한 것이 아니라 인간에 의한 것이기에 지속될 수 없음이 분명해집니다.

인간적 사랑과
영적 사랑

마찬가지로 인간적인 이웃 사랑이 있습니다. 이런 부류의 열정은 엄청난 희생도 감수할 힘이 있습니다. 뜨거운 헌신과 눈에 보이는 열매라는 점에서는 그리스도인의 진정한 사랑보다 훨씬 나은 경우도 적지 않습니다. 기독교 언어를 사용하여 압도적이고 감동적인 웅변을 쏟아냅니다. 하지만 "내가 내게 있는 모든 것으로 구제하고 또 내 몸을 불사르게 내줄지라도(즉 더없이 큰 사랑의 행동을 하고 최고의 헌신을 한다 해도) 사랑이(즉 그리스도의 사랑이) 없으면 내게 아무 유익이 없느니라"(고전 13:3)라는 구절에서 바울이 이야기하는 바가 바로 이것입니다.

인간적 사랑은 자신을 위해 타인을 사랑하지만, 영적 사랑은 그리스도를 위해 타인을 사랑합니다. 그러므로 인간적 사랑은 다른 이들과 직접 접촉하려 합니다. 상대방을 자유인이 아니라 이편에 매인 존재로 사랑하는 것입니다. 무슨 수를 써서라도 자기편으로 끌어들이고 자기 손안에 넣으려 합니다. 필요하면 완력을 쓰기도 합니다. 타인이 거부할 수 없는 위치에 올라 그를 지배하고 싶어 합니다.

인간적 사랑은 진리를 중시하지 않습니다. 진리를 상대화합니다. 아무것도, 심지어 진리마저도 자신과 사랑하는 사람 사이에 끼어들면 안 되기 때문입니다. 인간적 사랑은 타인을, 타인과의 사귐을, 그에게 준 만큼 돌아오는 사랑을 갈망하지만, 그를 섬기지는 않습니다. 섬기는 듯 보이는 순간에도 계속해서 무언가를 갈구하고 있을 뿐입니다.

영적 사랑과 인간적 사랑 사이의 차이를 또렷이 보여 주는 두 가지 표지가 있는데 사실 이 두 가지는 같은 것입니다. 인간적 사랑은 참된 사귐을 위해 거짓 사귐이 깨지는 상황을 용납하지 못합니다. 또 진심으로 자신에게 완강하게 반대하는 사람, 곧 원수를 사랑할 수 없습니다. 둘 다 같은 뿌리에서 비롯되는 현상입니다. 인간적 사랑은 본질적으로 욕망이며 구체적으로는 인간 공동체를 향한 갈망입니다. 공동체가 어떤 식으로든 그 욕구를 채워 주는 한, 인간적 사랑은 공동체를 포기하지 않습니다. 이것은 진리를 위해서도, 타인을 진정으로 사랑해서도 아닙니다. 하지만 더 이상 자신의 욕망이 채워지기를 기대할 수 없는 자리, 즉 원수 앞에 이르면 즉시 멈춰 섭니다. 그때부터 인간적 사랑은 미움으로, 경멸로, 비방으로 바뀝니다.

바로 여기가 영적 사랑이 시작되는 지점입니다. 인간적 사랑은 참다운 영적 사랑, 즉 갈망하는 대신 섬기는 사랑과 맞닥뜨리는 순간 사사로운 미움으로 변해 버립니다. 인간적 사랑은 그 자체를 목적과 업적으로 삼고, 자신을 우상으로 만들어 스스로 숭배할 뿐 아니라 모든 것을 그 아래 굴복시킵니다. 인간적 사랑은 자신을 가꾸고 키우고 사랑할 뿐, 자신 외에 세상의 그 무엇도 사랑하지 않습니다. 그러나 예수 그리스도에게서 비롯되는 영적 사랑은 오로지 그분만을 섬깁니다. 영적 사랑은 자신이 다른 사람에게 직접 다가갈 수 없음을 압니다.

예수 그리스도가 나와 타인 사이에 서 계십니다. 인간의 욕구에서 비롯된 보편적 사랑 개념으로는 다른 사람을 사랑한다는 것이 무슨 의미인지 가늠하지 못합니다. 그리스도의 눈으로 본다면 그 모두가 그저 미움이며 실체를 교묘하게 숨긴 이기심의 일종일지도 모릅니다. 사랑이 무엇인지는 오직 그리스도께서 그분의 말씀으로 알려 주실 것입니다. 우리의 판단과 확신을 거스르면서, 예수 그리스도는 형제를 사랑한다는 것이 진실로 무슨 뜻인지 알려 주십니다. 그러므로 영적 사랑은 예수 그리스도의 말씀을 따를 수밖에 없습니다. 그리스도가 사랑을 위해 사귐을 유지하라고 하시면 나는 계속 이어 갈 것입니다. 주님의 진리가 사랑을 위해 교제를 끝내라고 하시면 인간적 사랑이 제아무리 저항한다 해도 기꺼이 마무리할 것입니다. 영적 사랑은 갈망하는 대신 섬기므로, 원수도 형제처럼 사랑합니다. 영적 사랑은 형제나 원수 그 어느 쪽에도 뿌리를 두지 않으며 오직 그리스도와 그분의 말씀에서만 비롯됩니다. 인간적 사랑은 영적 사랑을 결코 이해할 수 없습니다. 영적 사랑은 위에서 오는 까닭에 세상적인 사랑이 볼 때 완전히 낯설고 새로우며 납득할 수 없기 때문입니다.

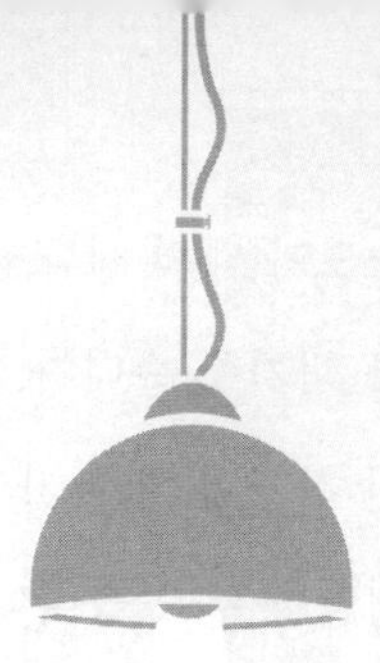

예수 그리스도가 나와 타인 사이에 서 계십니다.
영적 사랑은 갈망하는 대신 섬기므로,
원수도 형제처럼 사랑합니다.

인간적 사랑은 영적 사랑을 결코 이해할 수 없습니다.
영적 사랑은 위에서 오는 까닭에
세상적인 사랑이 볼 때 완전히 낯설고 새로우며
납득할 수 없기 때문입니다.

그리스도가 나와 상대방 사이에 계시므로 나는 그와 직접 사귈 엄두를 내지 않습니다. 그리스도께서 내게 말씀하셔서 나를 구원하신 것처럼, 마찬가지로 상대방도 오직 그리스도를 통해서만 구원받을 수 있습니다. 이는 자신의 사랑으로 다른 이들을 통제하고 강요하고 지배하려는 온갖 시도를 포기해야 한다는 뜻입니다. 상대방은 내게서 벗어나 홀로 서야 하고, 그리스도가 스스로 육신이 되어 죽임당하시고 다시 살아나셔서 그의 죄를 사해 주시고 영원한 생명을 주신 한 인간으로서, 그 모습 그대로 사랑받아야 합니다. 내가 어찌해 보기 훨씬 전에 이미 그리스도께서 내 형제를 위해 결정적인 조치를 마치셨으므로 나는 그에게 주님의 소유가 될 자유를 주어야 합니다. 그 역시 이미 그리스도 안에 존재하는 인간으로서, 나를 대해야 합니다. 이것이 오직 그리스도의 중재를 통해서만 타인을 만날 수 있다는 말의 참뜻입니다.

인간적 사랑은 타인에 대한 나름대로의 상을 구축해 놓고, 그가 어떤 사람인지 추측하고 어떤 사람이 되어야 하는지를 정합니다. 상대를 제멋대로 주무릅니다. 영적 사랑은 다릅니다. 예수 그리스도에게 받아 지닌 상대의 참형상을 알아봅니다. 예수 그리스도가 형상화하셨고 모든 이들에게 새겨 주시려는 그 형상 말입니다.

그러므로 영적 사랑은 말과 행동의 모든 영역에서 그리스도를 높이는 것으로 자기 존재를 증명합니다. 지나치게 개인적이고 직접적인 영향을 미치거나 누군가의 삶에 불순하게 개입하여 그를 움직이려 들지 않습니다. 경건한 체하는 인간적 열정이나 자극을 즐기지 않습니다. 명쾌한 하나님 말씀으로 타인을 대하고, 그가 오랜 시간 말씀 앞에 홀로 있도록 배려하며, 그리스도가 그를 친히 다루시도록 기꺼이 놓아줍니다. 그리스도가 이편과 상대편 사이에 설정하신 경계를 존중하며, 유일하게 우리를 한데 묶을 능력이 있는 그리스도 안에서만 온전한 사귐을 구합니다.

이처럼 영적 사랑은 형제들에게 그리스도에 관해 이야기하기보다 그리스도에게 형제들에 대해 이야기합니다. 누군가에게 다가서는 곧바른 통로는 늘 그리스도께 드리는 기도를 거치는 길이며 타인을 사랑하는 일은 그리스도 안에 있는 진리와 온전히 연결되어 있음을, 영적 사랑은 알고 있습니다. "내가 내 자녀들이 진리 안에서 행한다 함을 듣는 것보다 더 기쁜 일이 없도다"(요삼 1:4)라는 사도 요한의 고백은 바로 이런 사랑에서 비롯됩니다.

인간적 사랑은 제어되지도 않고 제어될 수도 없는 어두운 욕망에서 나오지만, 영적 사랑은 진리가 이끄는 대로 질서 잡힌 섬김의 밝은 빛 가운데 머뭅니다. 인간적 사랑은 예속시키고 억압하고 구속하지만, 영적 사랑은 말씀 아래서 형제가 자유를 누리게 합니다. 인간적 사랑이 온실에서 인위적으로 화초를 키우는 것과 같다면, 영적 사랑은 하나님이 하늘 아래 풀어놓으셔서 비바람이 불거나 뙤약볕이 내리쬐어도 그분의 선한 뜻에 따라 건강하게 영근 열매를 맺게 하는 것과 같습니다.

믿음으로
단단히 묶인 공동체

모든 기독교 공동생활의 존립은 인간의 이상과 하나님의 현실, 영적 공동체와 인간 공동체를 구별하는 능력을 제때에 제대로 발휘하느냐에 달렸습니다. 기독교 공동체의 사활은 이 문제에 대해 가능한 한 빨리 균형 잡힌 지혜를 얻을 수 있느냐에 달려 있습니다. 달리 말하면, 말씀 아래 함께하는 삶은 어떤 운동이나 교단, 협회나 경건회 등으로 스스로를 내세우는 곳에서는 건강하게 유지될 수 없고, 오직 하나이고 거룩하고 보편적인 그리스도 교회의 일부로 자신을 인식해서 적극적이든 소극적이든 전체 교회의 고난과 싸움과 약속을 공유할 때만 건강하게 유지됩니다. 공동의 일, 지역적 여건, 가족 관계 등 객관적 조건으로 정당화되지 않는 모든 선별 원칙과 그에 따라 구별하는 일은 기독교 공동체에 더없이 큰 위험을 초래합니다. 지적이거나 영적인 상태에 따라 구성원을 선별한다면 어김없이 인간적 요소가 공동체에 교묘하게 파고들어 공동체의 영적 능력과 교회에 미칠 영향력을 앗아 가고 공동체를 분파주의에 몰아넣습니다.

약하고 대단하달 것도 없는 이들, 겉보기에 쓸모없어 보이는 이들을 기독교 공동체가 따돌린다면 그리스도를 쫓아내는 것일 수 있습니다. 그리스도가 형편이 어려운 형제의 모습으로 문을 두드리고 있습니다. 그러므로 촉각을 곤두세워야 합니다. 우리가 정확하게 관찰하지 못한다면, 이상과 현실, 인간적 요소와 영적 요소가 뒤섞인 상태는 그 구조가 다층적인 공동체에서 나타난다고 생각하기 십상입니다. 즉 결혼이나 가족이나 우정처럼 인간적인 요소가 공동체 형성 과정에 이미 핵심적 위치를 차지하고 영적인 요소는 그저 육체적이거나 정신적 요소의 들러리에 지나지 않는 곳 말입니다. 그러한 시각으로 보면, 이런 공동체에만 두 영역이 헷갈리거나 혼합될 위험이 존재하고, 순수한 영적 공동체에는 그럴 위험이 전혀 없다고 생각할지 모릅니다. 하지만 그것은 큰 착각입니다. 모든 경험에 비추어 볼 때 실상은 정반대입니다.

결혼이나 가족이나 우정의 관계는 공동체를 이루는 힘의 한계를 정확하게 인식합니다. 건강한 상태라면 그런 인간관계들은 어느 지점에서 인간적 요소가 끝나고 영적 요소가 시작되는지 꿰고 있습니다. 육체적·정신적 공동체와 영적 공동체 사이의 차이를 아는 것입니다. 그와 반대로 순수한 영적 공동체는 세워지기 무섭게 온갖 인간적 요소들이 흘러들어와 뒤섞일 위험이 매우 높습니다. 순전히 영적인 관계는 위험할 뿐 아니라 비정상적이기까지 합니다. 육체적인 가족 관계 또는 일반적인 관계, 즉 함께 일하는 사람들의 일상생활에서 비롯되는 모든 요구가 영적 공동체에 투영되어 나타나지 않는다면, 우리는 더 정신을 바짝 차리고 경계해야 합니다. 경험적으로 알 수 있듯이, 단기 수련회 같은 곳에서 인간적 요소가 쉽게 발현되는 이유가 그 때문입니다. 며칠 동안 함께 지내면서 사람들에게 교제의 열망을 불러일으키는 것보다 쉬운 일은 없습니다. 그러나 일상생활 가운데 나누는 형제의 건전하고 견실한 사귐에 그만큼 치명적인 계기도 없습니다.

그리스도인이라면 누구나 일생을 통틀어 적어도 한 번은 진정한 그리스도인의 공동체를 경험하는 복된 기회를 하나님께 선물로 받을 것입니다. 그러나 이 세상에서 누리는 그러한 경험은 그리스도인 공동체 생활의 '일용할 양식'에 보태시는 은혜로운 덤일 뿐입니다. 우리는 그런 경험을 달라고 요구할 권리가 없으며, 그러려고 다른 그리스도인들과 더불어 사는 것도 아닙니다. 우리를 단단히 묶어 주는 끈은 그리스도인 형제애 경험이 아니라 형제 사랑에 대한 견고하고 확실한 믿음입니다. 하나님이 우리 모두에게 지속적으로 역사해 오셨고 또 역사하시리라는 사실, 믿음으로 우리는 이 사실을 주님의 가장 큰 선물로 여깁니다. 이 선물로 인해 우리는 기쁘고 행복하지만, 한편으로는 하나님이 허락지 않으시면 그 모든 체험을 기꺼이 단념할 수도 있습니다. 우리는 체험이 아니라 믿음으로 연합되어 있습니다.

"보라 형제가 연합하여 동거함이 어찌 그리 선하고 아름다운고." 말씀 아래 더불어 사는 삶을 찬양하는 구절입니다. "연합하여"를 올바르게 풀이하자면 '형제가 그리스도를 통해 동거함'이라고 할 수 있습니다. 예수 그리스도 한 분만이 우리를 연합시키기 때문입니다. "그는 우리의 화평이신지라"(엡 2:14). 그분을 통해서만 그리스도인은 다른 이들에게 다가갈 수 있고 서로를 기뻐하며 함께 교제할 수 있습니다.

Gemeinsames
Leben

2

함께하는 생활

한마음으로 예배하며
하나님 손에 서로를 맡기다

하루의 시작에
함께 모이는 기쁨

아침에 주님을 찬양합니다.

저녁에 주님 앞에 기도합니다.

우리의 보잘것없는 노래로 주님을 기립니다.

지금부터 영원무궁토록.

— 마르틴 루터가 인용한 암브로시우스의 찬송

"그리스도의 말씀이 너희 속에 풍성히 거하여"(골 3:16). 구약 시대의 하루는 저녁에 시작하고 그다음 날 해가 지면 마무리됩니다. 이 하루는 기대하는 시간입니다. 신약 시대 교회의 시간은 새벽에 시작해서 이튿날 동이 터 오면 끝납니다. 이 하루는 성취, 곧 그리스도 부활의 시간입니다. 주님은 밤에 태어나셨고 어둠 속의 빛이었습니다. 그리스도가 고난을 당하고 십자가에 달려 돌아가시자 한낮이 밤으로 변했습니다. 하지만 부활절 아침, 동틀 무렵에, 그리스도는 죽음을 이기고 무덤에서 일어나셨습니다.

> 이른 아침 동이 틀 때,
> 내 구주 그리스도가 부활하셨네.
> 죄악의 밤은 물러가고
> 빛과 구원과 생명이 회복되었네.
> 할렐루야!

종교 개혁 당시 교회는 이렇게 노래했습니다. 그리스도는 그분을 고대하며 기다리는 백성 위로 떠오르는 "공의로운 해"(말 4:2)입니다. 주님을 사랑하는 이들은 "해가 힘 있게 돋음 같게"(삿 5:31) 됩니다. 이른 아침은 부활하신 그리스도의 공동체에 속한 시간입니다. 죽음과 죄가 패배해 엎드러지고 새 생명과 구원이 인류에게 임한 그 아침을 교회는 새벽마다 떠올립니다.

오늘날 밤에 대해 더 이상 두려움이나 외경심을 갖지 않는 현대인은 이른 아침마다 되살아나는 빛을 보며 선조들과 초기 그리스도인들이 느꼈을 그 엄청난 기쁨을 얼마나 알 수 있을까요? 삼위일체 하나님, 즉 어두운 밤이 지나도록 생명을 지키시고 새날을 열어 주신 창조주 성부 하나님, 인류를 위해 죽음과 지옥을 이기고 승리자로 우리 가운데 거하시는 구세주 성자 하나님, 첫새벽에 하나님 말씀의 밝은 빛을 우리 마음에 부어 주시고 어둠과 죄를 모두 쫓아내시며 바르게 기도하는 법을 가르치시는 성령 하나님께 새벽에 드릴 찬양과 경배를 다시 공부해 본다면, 밤이 지나 동틀 무렵에 한뜻을 품은 형제들이 함께 하나님을 찬양하고 함께 하나님의 말씀을 듣고 함께 기도하러 모이는 기쁨이 어떠할지 비로소 가늠할 수 있을 것입니다. 아침은 개인의 소유가 아니며 삼위일체 하나님의 교회와 그리스도인의 가정, 형제 공동체에 속한 시간입니다. 그래서 보헤미아 형제단(Bohemian Brethren)은 새벽마다 이렇게 노래했습니다.

> 빛이 어두운 밤을 몰아내니,
> 사랑하는 그리스도인들이여, 깨어 일어나
> 주 하나님을 찬양하라.
> 당신이 주 하나님을 알 수 있도록
> 하나님이 당신을 그분의 형상대로 창조하셨음을 기억하라.

이렇게도 노래했습니다.

　　날이 밝아 모습을 드러내니,

　　주 하나님, 우리가 주님을 찬양합니다.

　　지극히 선하신 주님,

　　밤새 우리를 보호하셨으니 감사합니다.

　　간구하오니, 오늘도 우리를 지켜 주소서.

　　우리는 가련한 순례자이니,

　　우리 곁에 서서 도우시고 보호해 주셔서

　　어떤 악도 우리에게 닥치지 않게 하소서.

이렇게도 노래했습니다.

　　이제 날의 빛이 퍼져 가니,

　　형제들이여,

　　밤새 은혜로 우리를 지켜 주신

　　자비로우신 하나님께 감사하자.

　　주 하나님, 우리를 주님께 드립니다.

　　우리의 말과 행위와 갈망을 주 뜻대로 인도하시고,

　　우리가 하는 모든 일이 선하게 이루어지게 하소서.

말씀 아래 더불어 사는 삶은 이른 아침에 함께 드리는 예배로 시작합니다. 함께 생활하는 공동체는 모여서 찬양하고 감사하며, 성경을 읽고 기도합니다. 공동체의 기도와 찬양이 가장 먼저 아침의 깊은 정적을 깨트립니다. 밤과 새벽의 고요 속에서 찬송과 하나님 말씀은 훨씬 분명하게 들립니다. 성경은 아침에 처음으로 하는 생각과 말이 하나님께 드려져야 한다고 말씀합니다.

"여호와여 아침에 주께서 나의 소리를 들으시리니 아침에 내가 주께 기도하고 바라리이다"(시 5:3). "아침에 나의 기도가 주의 앞에 이르리이다"(시 88:13). "하나님이여 내 마음이 확정되었고 내 마음이 확정되었사오니 내가 노래하고 내가 찬송하리이다 내 영광아 깰지어다 비파야, 수금아, 깰지어다 내가 새벽을 깨우리로다"(시 57:7-8). 믿음의 사람들은 새벽마다 하나님을 갈망하며 사모합니다. "내가 날이 밝기 전에 부르짖으며 주의 말씀을 바랐사오며"(시 119:147). "하나님이여 주는 나의 하나님이시라 내가 간절히 주를 찾되 물이 없어 마르고 황폐한 땅에서 내 영혼이 주를 갈망하며 내 육체가 주를 앙모하나이다"(시 63:1).

솔로몬의 지혜서는 "해가 뜨기 전에 일어나 주님께 감사드려야 하고 동이 틀 때 주님 앞에 나아가야 함을 알게 하려 함이라"(지혜서 16:28)라고 설명합니다. 집회서는 특히 성경을 연구하는 이들을 염두에 두고 "그는 아침에 일어나면서 마음을 모아 창조주이신 주님을 찾고, 지극히 높으신 분 앞에서 기도한다"(집회서 39:5)라고 말합니다. 성경은 이른 아침을 가리켜 하나님이 특별히 도우시는 시간이라고 말합니다. 하나님의 도성을 언급하면서 "새벽에 하나님이 도우시리로다"(시 46:5)라고 말합니다. 하나님의 사랑이 "아침마다 새로우니"(애 3:23)라고도 고백합니다.

그리스도인에게 하루의 시작은 그날 해야 할 일을 염려하는 짐스럽고도 마음을 짓누르는 시간이 아닙니다. 새로운 하루가 열리는 문턱에 그 하루를 지으신 주님이 서 계십니다. 한밤의 꿈을 사로잡았던 온갖 어둠과 혼란은 예수 그리스도의 밝은 빛과 우리 마음을 깨우는 말씀 앞에서 물러갑니다. 모든 불안, 모든 부정함, 모든 근심, 모든 걱정은 주님 앞에서 달아납니다. 그러므로 하루를 시작할 때는 산만하고 헛된 말을 잠잠케 하고 첫 번째 생각과 첫 번째 말을 우리 삶의 주인이신 하나님께 드려야 합니다. "잠자는 자여 깨어서 죽은 자들 가운데서 일어나라 그리스도께서 너에게 비추이시리라"(엡 5:14).

하나님의 사람들이 아침 일찍 일어나 주님을 찾고 주님의 명령에 따랐음을 성경은 놀라우리만치 자주 언급합니다. 아브라함이 그렇게 했고 야곱, 모세, 여호수아가 그렇게 했습니다(창 19:27; 22:3; 출 8:16; 9:13; 24:4; 수 3:1; 6:12). 쓸데없는 말은 한마디도

새로운 하루가 열리는 문턱에
그 하루를 지으신 주님이 서 계십니다.

한밤의 꿈을 사로잡았던 온갖 어둠과 혼란은
예수 그리스도의 밝은 빛과
우리 마음을 깨우는 말씀 앞에서 물러갑니다.

하지 않는 복음서는 예수님을 두고 이렇게 말합니다. "새벽 아직도 밝기 전에 예수께서 일어나 나가 한적한 곳으로 가사 거기서 기도하시더니"(막 1:35). 불안과 염려 탓에 일찍 일어나는 이들이 있는데, 성경은 그것이 부질없는 일이라고 지적합니다. "너희가 일찍이 일어나고 늦게 누우며 수고의 떡을 먹음이 헛되도다"(시 127:2). 하지만 하나님을 사랑해서 일찍 일어나는 경우도 있습니다. 성경의 인물들이 그렇게 살았습니다.

아침에 드리는 공동 예배에는 성경 읽기, 찬송, 기도가 들어갑니다. 공동체마다 예배 형식이 달라지는데 그건 당연한 일입니다. 자녀가 있는 생활 공동체에는 신학자들의 공동체와는 다른 예배 형식이 필요합니다. 어느 한쪽이 다른 한쪽을 억지스럽게 흉내 내는 것은 결코 건강하지 않습니다. 예를 들어, 신학자들로 이루어진 형제 공동체가 어린 자녀들을 위해 드리는 가정 예배 수준에 머무는 것 말입니다. 하지만 모든 공동 예배에는 성경 말씀과 교회의 찬송, 공동체의 기도가 반드시 포함되어야 합니다. 이제 공동 예배에 필요한 요소들을 살펴봅시다.

신약 성경은 "시와 찬송과 신령한 노래들로 서로 화답하며"(엡 5:19), "모든 지혜로 피차 가르치며 권면하고 시와 찬송과 신령한 노래를"(골 3:16) 부르라고 강조합니다. 예로부터 교회는 함께 시편으로 기도하는 일에 특별한 의미를 두어 왔습니다. 오늘날까지도 적지 않은 교회들이 시편으로 공동 예배를 시작합니다. 그러나 이러한 전통은 상당 부분 사라졌기에, 시편 기도로 돌아갈 길을 되찾아야 할 형편이 되었습니다. 시편은 성경에서 독특한 위치를 차지합니다. 하나님 말씀이면서도 몇 편을 제외하면 인간의 기도이기도 합니다. 이 사실을 어떻게 받아들여야 할까요? 하나님 말씀이 어떻게 동시에 하나님께 드리는 기도가 될 수 있을까요?

이 질문은 시편으로 기도하기 시작한 이들이라면 누구나 떠올리게 마련입니다. 그들은 처음에는 시편 말씀을 자신의 기도처럼 되풀이해 고백합니다. 하지만 이내 개인적 간구에 쓸 수 없겠다 싶은 본문을 만납니다. 예를 들어, 무죄를 주장하는 시편, 저주와 복수를 요청하는 시편, 고난 속에서 부르짖는 시편의 일부를 떠올려 보십시오. 이런 기도들 역시 성경 말씀입니다. 믿음을 가진 그리스도인이라면 이 말씀을 진부하고 쓸모없는 구절이라든지 '종교 형성 초기 단계'의 소산이라고 치부하며 가볍게 무시해 버릴 수가 없습니다. 성경 말씀을 두고 이러쿵저러쿵 판단할 뜻은 조금도 없지만, 이런 구절들로 기도할 수는 없다는 생각이 찾아옵니다. 다른 누군가가 드린 기도로 여기며 읽거나 들을 수 있고 그 내용에 놀라거나 기분이 상할 수는 있지만, 자신은 그런 시편으로 간구할 수 없을 뿐 아니라 그 시편이 성경에 없는 듯 외면해 버릴 수도 없습니다.

이런 상황에 있는 이에게는 이해할 수 있는 시편에 먼저 집중하라고 권하는 것이 현실적 방안일지 모릅니다. 통 알아들을 수 없고 까다로운 시편들은 제쳐 두고 단순하고 쉽게 파악할 수 있는 시편으로 거듭 되돌아오는 법을 배우라고 말입니다. 하지만 이처럼 까다로운 말씀들은 사실 시편의 신비를 처음으로 들여다볼 수 있는 지점이 됩니다. 기도로 입에 올리기조차 어렵고 머뭇거리게 되는 이 두려운 시편들은 이 시편에서 기도하는 분이 우리 자신이 아니라 '다른 분'이라는 사실을 암시합니다. 그분은 바로 자신의 무죄를 주장하고 하나님의 심판을 구하며 끝모를 고통에 이른 분, 곧 예수 그리스도이십니다. 이러한 시편들뿐만 아니라 시편 전체에서 기도하는 분은 바로 예수 그리스도입니다.

신약 성경과 교회는 이러한 사실을 늘 깊이 인식하고 선포해 왔습니다. 온갖 고난, 모든 질병, 갖은 아픔을 겪어 익히 아시면서도 죄는 전혀 없고 의로우신 인간 예수 그리스도는 자신이 친히 세우신 교회의 입을 통해 시편으로 기도하십니다. 시편은 더없이 진정한 의미에서 예수 그리스도의 기도서입니다. 주님은 시편으로 기도하셨으며 마침내 시편은 영원히 그분의 기도가 되었습니다. 어떻게 시편이 하나님께 드리는 기도이자 하나님 자신의 말씀인지 아시겠습니까? 이렇게 기도하시는 그리스도께서 우리를 만나시기 때문입니다.

예수 그리스도는 회중 가운데 계시면서 시편을 통해 기도하십니다. 물론 교회도 기도하고 개인도 기도합니다. 하지만 우리는 그리스도가 우리 안에서 기도하시는 동안 기도하는 것이며, 우리는 저마다의 이름이 아니라 예수 그리스도의 이름으로 기도합니다. 이는 자기 마음의 자연적인 욕구에서 나오는 기도가 아니라 그리스도가 덧입혀 주신 인격에서 나오는 기도입니다. 인간이신 예수 그리스도의 기도에 근거하여 드리는 기도입니다. 그렇게 할 때, 그 기도는 응답되리라는 약속을 받습니다. 하늘 보좌 앞에서 그리스도가 한 사람 한 사람과 함께 그리고 회중과 더불어 시편의 기도로 간구하고 계시기에, 아니 시편으로 기도하는 이들이 예수 그리스도의 기도에 동참하는 것이기에 그들의 기도는 하나님의 귀에 가닿습니다. 그리스도는 그들의 중보자가 되셨습니다.

시편은 교회를 위해 그리스도가 드리는 대속적인 기도입니다. 그리스도가 하늘 아버지와 함께 계신 지금, 그리스도가 만드신 새로운 인류, 다시 말해 이 땅에 구현된 그리스도의 몸은 세상 끝 날까지 계속해서 그분의 기도를 이어 갑니다. 이는 개개인의 기도가 아니라 그리스도의 온몸에 속한 기도입니다. 온전히 그리스도 안에서만 온 시편이 실제가 되는데, 개인으로서의 그리스도인은 결코 이를 완전히 이해할 수 없고 제 것이라 주장할 수도 없습니다. 시편 기도가 특이하게도 공동체에 속하는 까닭이 여기에 있습니다. 시편의 어느 한 구절이나 한 편이 나 자신의 기도는 아닐지라도 분명 공동체에 속한 다른 지체의 기도일 수는 있습니다. 그렇기에 어김없이 그 기도는 참인간이신 예수 그리스도와 지상에 구현된 그분의 몸 된 교회가 드리는 기도입니다.

시편에서 배우는
그리스도의 기도

시편에서 우리는 그리스도의 기도를 토대로 삼아 기도하는 법을 배웁니다. 시편은 위대한 기도 학교인 셈입니다. 첫째로, 기도의 의미가 무엇인지 배웁니다. 기도는 하나님 말씀에 따라 약속에 근거해서 드리는 간구입니다. 그리스도인의 기도는 '계시된 말씀'이라는 견고한 기초 위에 서 있으며 막연하고 자기중심적인 욕망과는 아무 관련이 없습니다. 우리는 참인간이신 예수 그리스도의 기도에 기초하여 기도합니다. 성령이 우리 가운데서 간구하신다거나, 그리스도가 우리를 위해 기도하신다거나, 예수 그리스도의 이름으로 구할 때만 하나님께 올바르게 기도할 수 있다고 하는 성경 말씀이 뜻하는 바가 이것입니다.

둘째로, 시편의 기도에서 우리는 무엇을 기도해야 하는지를 배웁니다. 시편 기도는 그 범위가 한 사람 한 사람의 경험 수준을 훌쩍 뛰어넘지만, 그럼에도 우리는 저마다 믿음 가운데 그리스도의 온전한 기도를 드립니다. 이는 참인간이며 시편 안에 있는 기도를 처음부터 끝까지 유일하게 다 경험하신 그리스도의 기도입니다.

그렇다면 저주의 시편으로도 기도할 수 있을까요? 우리가 죄인의 신분으로 악한 생각을 복수 기도에 담아내는 것이라면, 감히 그럴 수 없습니다. 그러나 그리스도가 우리 안에 계신다면, 그분의 지체인 우리 역시 예수 그리스도를 통해, 예수 그리스도의 마음으로 그러한 시편을 따라 기도할 수 있습니다. 그리스도는 하나님의 진노를 모두 떠안으셨고, 우리를 대신해 하나님의 진노를 받아 내셨으며, 하나님의 맹렬한 진노를 받아 쓰러지면서도 원수들을 용서하셨고, 그 원수들을 자유롭게 하시려고 그 진노를 감내하셨기 때문입니다.

시편 기자처럼 우리도 죄가 없고 신실하며 의롭다고 주장할 수 있을까요? 우리 모습 그대로라면 언감생심 그럴 수 없습니다. 비뚤어진 마음으로 기도해서도 안 됩니다. 하지만 죄 없이 깨끗한 예수 그리스도의 마음에서 비롯된, 다시 말해 믿음을 통해 우리에게 나눠 주신 그리스도의 순결함에 근거하는 기도로는 그렇게 고백할 수 있으며 그러해야 합니다. "그리스도의 피와 의가 우리의 장식과 영광의 옷"이 된 이상, 우리를 위해 선물로 주신 시편, 무죄함을 단언하는 시편들로 기도할 수 있으며 또 그렇게 기도해야 합니다. 이런 시편들 역시 주님을 통해 우리의 기도가 됩니다.

그런데 말로 다할 수 없는 비참한 형편과 고난을 노래하는 시편들, 참뜻을 가늠하기조차 어려운 그 시편들을 어떻게 우리의 기도로 드릴 수 있을까요? 우리가 고난의 시편들로 기도해야 하는 이유는, 우리가 겪어 보지 않아 알지 못하는 아픔에 억지로 몰입하거나 자신의 처지를 하소연하기 위해서가 아닙니다. 예수 그리스도 안에 이 모든 고난이 실제로 생생하게 존재했기 때문입니다. 참인간이신 예수 그리스도가 질병과 고통, 수치와 죽음을 겪으셨으며, 그분의 고난과 죽음 안에서 모든 육체 또한 고난받고 죽었기 때문입니다. 그리스도의 십자가 위에서 우리에게 일어난 사건, 즉 옛사람의 죽음 그리고 세례를 받고 육신이 죽으면서 일어나는 일 또 일어나야 할 일 덕분에 우리는 이러한 기도로 간구할 권리를 얻습니다. 이 땅 위에 있는 그리스도의 몸인 교회는 십자가 사건을 통해서 이 시편들을 주님의 마음에서 나온 기도로 받아 가지게 되었습니다. 여기서 이 주제를 세세히 설명할 수는 없습니다. 다만 그리스도의 기도라는 관점에서 시편의 폭과 깊이를 제시하고자 했을 뿐입니다. 이제 우리는 그 뜻을 점차적으로만 알아 갈 수 있을 뿐입니다.

셋째로, 시편은 공동체로 기도하는 법을 가르쳐 줍니다. 그리스도의 몸이 함께 기도하고 있으며, 한 개인으로서 내가 드리는 기도는 교회 전체의 기도에서 지극히 작은 한 조각에 불과함을 일깨웁니다. 그리하여 저는 그리스도의 몸과 함께 기도하는 법을 배웁니다. 그러한 기도는 사사로운 관심사에서 벗어나 사심 없이 간구하게 합니다. 구약 시대 공동체에서는 적지 않은 시편들을 주거니 받거니 하며 기도했을 공산이 아주 큽니다. 이른바 '구절 간 병렬 구조', 즉 시편에서 행이 바뀔 때 다른 단어를 써서 같은 의미를 되풀이하는 기발한 형식은 글쓰기 방식의 하나에 불과한 것이 아니라 교회와 신학에 중요한 의미를 지닙니다. 이 문제를 꼼꼼하게 살펴보면 보람이 있을 것입니다.

확실한 본보기가 되는 시편 5편을 읽어 보십시오. 두 목소리가 반복적으로 등장해서 같은 문제를 하나님께 아룁니다. 이는 우리가 기도할 때 홀로 구하지 않음을 암시하는 것 아닐까요? 개인의 간구가 참다운 기도가 되려면 항상 다른 사람, 곧 그리스도의 몸인 공동체의 다른 지체가 함께 기도해야 한다는, 더 나아가서 예수 그리스도 그분이 함께 기도해 주셔야 한다는 뜻은 아닐까요? 시편 119편에서 끝날 줄 모르는, 접근할 수 없고 해석조차 불가능할 만큼 단순한 반복으로 치닫는 이 '동일한 내용의 되풀이' 속에서도 바로 이 점이 암시되는 것 아닐까요? 여기에는 모든 기도의 말들이 끊임없는 되풀이를 통해서만 닿을 수 있는(사실 그렇게 해서도 궁극적으로는 도달할 수 없지만) 마음 깊은 곳까지 스며들어야 한다는 생각이 깔린 것 아닐까요? 기도란 인간의 갈급함이나 즐거움을 단번에 쏟아 내는 것이 아니라, 예수 그리스도 안에서 하나님의 뜻을 흐트러짐 없이 지속적으로 배우고 받아들이며 기억에 새기는 일임을 뜻하는 것 아닐까요?

외팅어(Ötinger)는 시편 주석에서 시편 전체를 주기도문의 일곱 가지 간구에 맞추어 정리하면서 심오한 진리를 드러냈습니다. 시편 전체가 더할 것도 뺄 것도 없이 주기도문의 간결한 간구에 다 들어 있음을 발견한 것입니다. 우리의 모든 기도에는 항상 예수 그리스도의 기도만 있을 뿐입니다. 오직 이 기도만이 응답의 약속을 확보하고 있으며, 신앙 없는 이들의 헛된 중언부언에서 벗어나게 합니다. 시편에 침잠할수록 그 말씀을 더욱 자기 기도로 삼아 더 자주 간구할 수 있으며, 그때 기도는 훨씬 단순하고 한결 풍성해질 것입니다.

성경을
총체적으로 이해하는 통독

그리스도 중심의 생활 공동체에서는 시편 기도에 이어 성경을 읽어야 합니다. "읽는 것과 권하는 것과 가르치는 것에 전념하라"(딤전 4:13). 성경을 함께 읽는 올바른 방법을 찾아내려면 이번에도 숱한 해로운 편견을 이겨 내야 합니다.

그리스도인들의 십중팔구는 성경 읽기란 그날 허락하신 하나님 말씀을 듣는 과정이라고 생각하며 성장했습니다. 그런 이유로, 오늘 하루 동안 생각을 붙들어 줄 몇몇 구절만으로 성경 읽기를 대신하는 경우가 허다합니다. 예를 들어, 헤른후트 형제단이 펴낸 매일의 성구 묵상집 《로중》(*Die Losungen*)*은 이를 한 번이라도 사용해 본 사람들에게는 모두 진정 축복이 되어 왔습니다. 이것은 두말할 필요가 없습니다. 특히 교회가 어려움을 겪던 시기에 많은 이들이 이 말씀을 읽으면서 감사하고 놀라워했습니다. 하지만 이 짧은 구절들로 성경 전체를 대신할 수 없고 그렇게 해서도 안 된다는 점 역시 의심의 여지가 없습니다. 매일 묵상을 위해 뽑은 짧은 몇 구절은 마지막 날까지 모든 시대에 걸쳐 끊임없이 이어질 온전한 성경이 아닙니다. 성경은 매일 읽는 묵상의 말씀 한 단락과 비교할 수 없습니다. "오늘을 위한 양식"과 비교할 수도 없습니다. 성경은 모든 시대를 위해, 모든 이들을 위해 계시하신 하나님의 말씀입니다. 성경은 개별 구절들을 모아 놓은 집합체가 아니라 전체로 이해되어야 합니다.

성경은 그 전체가 하나님의 계시의 말씀입니다. 구약과 신약, 약속과 성취, 희생 제물과 계율, 율법과 복음, 십자가와 부활, 믿음과 순종, 소유와 소망 사이의 무한한 내적 관계 속에서만 예수 그리스도에 대한 증언을 총체적으로 파악할 수 있습니다. 이것이 바로 공동 예배에서 시편 기도에 더하여 상대적으로 긴 신

---

* 헤른후트 《로중》은 1731년부터 매년 출간되고 있는 매일 묵상집이다. 구약과 신약에서 각각 한 말씀씩을 하루의 성구로 정하고 찬양 구절과 기도문을 함께 싣는다. 1728년 친첸도르프가 공동체에 전한 짧은 영적 문구에서 비롯되었다. 국내에는 《말씀, 그리고 하루》라는 이름으로 발간된다. - 옮긴이

약과 구약 본문을 봉독하는 이유입니다.

기독교 생활 공동체는 매일 아침저녁 구약 성경 한 장과 신약 성경 한 장 반 정도는 읽고 경청할 수 있어야 합니다. 이 습관을 처음 들일 때는 이처럼 적은 분량도 버겁다고 여기며 저항하는 이들이 대다수입니다. 그렇게 많은 가르침과 맥락을 실제로 받아들이고 지키는 것은 불가능하다며, 하나님 말씀을 진지하게 소화할 수 있는 분량보다 더 많이 읽으면 그것이 오히려 더 하나님 말씀을 가벼이 여기는 것이라고 반기를 들 수도 있습니다. 이러한 반대를 핑계 삼아 다시 몇 구절만 읽는 것에 만족하기 일쑤입니다.

그러나 사실 이러한 태도에는 치명적인 잘못이 도사리고 있습니다. 다 큰 그리스도인이 구약 성경을 한 장씩 순서대로 읽고 이해하기가 그토록 어렵다면 사무치도록 부끄러운 일입니다. 이는 우리의 성경 지식 수준과 성경 읽기 습관에 대해 무언가를 증명하는 것 아니겠습니까? 지금 읽고 있는 성경의 내용을 잘 알고 있다면 별 어려움 없이 한 장의 흐름을 따라갈 수 있어야 합니다. 성경을 손에 펼쳐 들고 함께 읽는 중이라면 더더욱 그러해야 할 것입니다. 하지만 그 일이 어렵다면, 아직도 성경을 상당히 모르고 있음을 인정해야 합니다. 하나님 말씀에 무지하다는 잘못을 깨달았다면 그동안 소홀했던 점을 열심히 성실하게 만회하는 것 외에 달리 무슨 길이 있겠습니까? 신학자들이 이 문제에 가장 먼저 앞장서야 하지 않겠습니까?

공동 예배의 목적은 성경 내용을 배우는 것이 아니라든지, 성경 통독은 예배 밖에서 이루어져야 할 지극히 평범한 일이라고 항변하지 마십시오. 이런 항변의 이면에는 예배에 대한 완전히 그릇된 이해가 있습니다. 하나님 말씀은 각자가 이해할 수 있는 분량만큼, 저마다 다른 방식으로 들어야 합니다. 어린이들은 가정 예배에서 처음으로 성경을 듣고 배웁니다. 성인이 된 그리스도인은 말씀을 되풀이해 공부하면서 더 깊이 깨닫게 되지만, 그렇다고 해서 성경이 이야기하는 진리를 배우는 과정은 끝나는 법이 없습니다.

그러나 어린 그리스도인뿐 아니라 성인 그리스도인도 성경 읽는 시간이 너무 길고 무슨 뜻인지 통 알 수 없다고 불평할 수 있습니다. 이에 대해 말해 보겠습니다. 성숙한 그리스도인은 성경을 읽을 때마다 '너무 길다'라고 느낄 수 있습니다. 가장 짧은 구절을 읽을 때조차도 말입니다. 무슨 뜻일까요? 성경은 하나의 전체이며, 단어 하나하나와 문장 하나하나가 전체와 복합적인 관계를 맺고 있는데, 세세한 내용을 들여다보면서 항상 전체를 염두에 두기란 불가능에 가깝기 때문입니다. 결국 성경 전체와 그 안에 담긴 모든 구절은 인간의 지력으로 파악할 수 있는 한계를 훌쩍 뛰어넘는다는 것이 분명해집니다. 이 사실을 매일 기억하는 것이 유익합니다. 결국 "지혜와 지식의 모든 보화가 감추어져"(골 2:3) 있는 예수 그리스도께로 우리는 인도받습니다. 그러므로 성경 읽기가 언제나 어느 정도 '너무 길어야' 한다고 말해도 좋을 것입니다. 성경은 그저 격언이나 실용적인 지혜에 불과한 것이 아니라 예수 그리스도 안에서 계시하신 하나님의 말씀이기 때문입니다.

성경을 읽으며
하나님 역사의 중심에 들어가다

성경은 몸(corpus), 즉 유기적으로 살아 움직이는 전체이므로 공동체의 성경 읽기에는 반드시 순서대로 이어서 읽는 방식(렉티오 콘티누아[lectio continua])을 적용해야 합니다. 역사서, 예언서, 복음서, 서신서, 계시록을 하나님 말씀으로 여기고 문맥을 따라가며 읽고 듣습니다. 이러한 방식은 선지자, 사사, 왕, 제사장이 있고 전쟁과 절기, 희생 제사와 고난을 경험한 이스라엘 백성이 받은 계시 세계의 한복판으로 말씀 듣는 공동체를 끌어들입니다. 그리스도인의 공동체는 그리스도의 탄생과 세례, 기적과 가르침,

고난과 죽음, 다시 살아나신 이야기 속으로 이끌려 들어갑니다. 공동체는 인류를 구원하기 위해 이 세상에서 벌어졌던 바로 그 사건에 참여하며, 그 모든 과정을 통해 그리스도의 구원을 받습니다.

성경의 책들을 차례차례 읽어 나가노라면, 귀를 열어 듣고자 하는 이들은 누구나 인류를 구원하기 위해 하나님이 단번에 영원히 역사하신 현장에 들어가게 되고 그곳에서 자신을 발견하게 됩니다. 특히 예배 중에 성경을 읽으면 성경의 역사서가 완전히 새롭게 다가옵니다. 우리는 우리를 구원하기 위해 일어난 사건의 일부가 됩니다. 자기를 잊고 잃어버린 채, 홍해를 통과하고, 광야를 지나고, 요단강을 건너 약속의 땅으로 들어갑니다. 이스라엘 백성과 함께 의심과 불신에 빠지고, 징벌과 회개를 통해 다시 하나님의 도우심과 신실하심을 경험합니다.

이 모든 것은 헛된 꿈이 아니라 거룩하고 경건한 현실입니다. 우리는 자신의 존재에서 떨어져 나와 하나님이 지상에서 행하신 신성한 역사의 중심에 내려앉는 것입니다. 그곳에서 하나님은 우리에게 역사하셨고, 지금도 심판과 은혜로 우리의 죄와 필요에 대처하십니다. 하나님이 현재 우리 삶을 지켜보신다거나 개입하신다는 것이 중요한 것이 아니라, 우리가 이 신성한 이야기 속에, 이 땅에 임하신 그리스도의 역사 속에서 일하시는 하나님을 경외하는 마음으로 그분의 말씀을 경청하며 그분의 일에 참여하는 존재가 되는 것이 중요합니다. 우리가 그곳에 함께 있을 때에만 하나님도 오늘 여기에 우리와 함께하십니다.

여기서 완전한 반전이 일어납니다. 하나님의 도우심과 임재가 지금 내 삶에서 입증되어야 하는 것은 아닙니다. 이미 예수 그리스도의 삶을 통해 우리를 위한 하나님의 임재와 도우심은 증명되었습니다. 사실, 하나님이 오늘 우리를 위해 무엇을 하실지 탐색하는 것보다 그분이 이스라엘에게, 예수 그리스도에게 어떤 일을 하셨는지 아는 것이 더 중요합니다. 예수 그리스도가 죽으셨다는 사실이 내가 죽으리라는 사실보다 중요합니다. 그리스도가 죽음을 이기고 살아나셨다는 사실은 나 역시 마지막 날에 다시 살아나리라는 소망을 뒷받침하는 유일한 근거입니다. 구원은 "우리 밖에"(extra nos) 있습니다. 나의 구원은 내 인생사가 아니라 오직 예수 그리스도의 삶에서 찾을 수 있습니다. 예수 그리스도 안에서, 곧 그분의 성육신과 십자가와 부활 속에서 발견되는 사람만이 하나님과 함께하는 것이고 하나님도 그와 함께하십니다.

이런 관점에서 볼 때, 예배 중에 성경을 읽는 일은 우리에게 날마다 더욱 뜻깊고 유익해집니다. 우리가 우리의 삶, 우리의 어려움, 우리의 죄라고 말하는 것들은 아직 참된 현실이 아닙니다. 성경에는 우리의 삶, 우리의 궁핍, 우리의 죄에 더하여 우리의 구원이 있습니다. 하나님이 그곳에서 우리를 위해 역사하기를 기뻐하셨으므로, 우리는 오직 그곳에서 구원을 받게 됩니다. 오로지 성경으로만 우리 자신의 역사를 알게 됩니다. 아브라함과 이삭과 야곱의 하나님은 예수 그리스도의 하나님 아버지이시며 우리의 하나님이십니다.

진지하고 겸손하게
성경을 공부하고 이해하다

우리는 종교 개혁가들과 우리 선조들이 그러했듯, 성경을 알고 이해하는 법을 다시 배워야 합니다. 성경을 아는 데 들이는 시간과 수고를 아까워해서는 안 됩니다. 다른 무엇보다 우리의 구원을 위해서 성경을 알아야 합니다. 이러한 노력이 대단히 시급한 이유는 그 외에도 아주 많습니다. 예를 들어, 견고한 성경의 토대 위에 서지 않는다면 어떻게 개인 생활이나 교회 활동에 확신과 자신감을 가질 수 있겠습니까? 어느 길로 갈지 결정하는 기준은 우리 마음이 아니라 하나님 말씀에 있습니다. 하지만 요즘 세상에 성경의 증거가 반드시 뒷받침되어야 한다고 생각하는 사람이 몇이나 되겠습니까? '삶에서' 그리고 '경험에서' 끌어낸 논리를 판단의 결정적 기준으로 제시하는 반면, 성경의 근거는 대지 못하는 상황을 얼마나 자주 보는지 모릅니다. 어쩌면 성경의 근거는 정반대 방향을 가리킬지도 모르는데 말입니다. 진지하게 성경을 읽지 않고, 알지도 못하며, 공부도 하지 않는 사람이 성경의 지혜를 깎아내리려 애쓰는 것은 새삼 놀랄 일이 아닙니다. 그러나 성경을 스스로 연구하는 법을 배우려 하지 않는다면 복음적인 그리스도인이 아닙니다.

더 나아가, 우리는 이렇게 질문할 수 있습니다. "하나님 말씀이 아니라면 어떻게 어려운 일을 당하고 회의에 빠진 그리스도인 형제를 도울 수 있을까?" 우리의 모든 말은 빠르게 힘을 잃습니다. 하지만 "새것과 옛것을 그 곳간에서 내오는 집주인"(마 13:52)처럼 하나님의 풍성한 말씀, 성경의 다양한 가르침과 권고와 위로를 전할 수 있는 그리스도인은 귀신을 쫓아내고 형제를 도울 수 있습니다. 이제는 말씀에 맡겨 두면 됩니다. "또 어려서부터 성경을 알았나니 성경은 능히 너로 하여금 그리스도 예수 안에 있는 믿음으로 말미암아 구원에 이르는 지혜가 있게 하느니라"(딤후 3:15).

그러면 성경을 어떻게 읽어야 할까요? 공동체 예배에서는 구성원들이 돌아가며 이어서 읽는 것이 으뜸입니다. 하지만 다

른 이들에게 성경을 소리 내어 읽어 주는 것이 쉽지 않음을 곧
실감하게 됩니다. 성경 본문을 대하는 태도가 진솔하고 객관적
이고 겸손할수록 그 성경 읽기는 성경의 본질에 더 잘 맞아떨어
집니다. 성경을 읽을 때면, 노련한 그리스도인과 갓 신앙을 가진
그리스도인의 차이가 분명히 드러나기도 합니다.

성경을 낭독할 때는, 성경에서 말씀하시는 분과 자신을 동
일시하지 않는다는 것을 원칙으로 삼아야 합니다. 성경에서 노
여워하는 분은 '나'가 아니라 하나님이고, 위로를 주시는 분도
내가 아니라 하나님이며, 책망하시는 분 역시 하나님입니다. 물
론, 진노하시고 위로하시고 책망하시는 분이 하나님이라는 사
실을 무감각하고 단조로운 어조로 전달해서는 안 됩니다. 하나
님이 내게 친히 말씀하시는 것임을 알고 깊이 공감하며 읽어야
합니다. 성경을 올바로 읽을 때와 그릇 읽을 때의 차이는, 자신
을 하나님과 동일시하지 않고 그저 담박하게 하나님을 섬길 때
확연하게 드러납니다. 성경을 올바로 읽지 않으면, 수사적이고
감정적이고 감상적이고 위압적으로 읽게 됩니다. 다시 말해, 듣
는 이들의 관심을 말씀이 아니라 자신에게 돌리게 됩니다. 이는
성경을 읽을 때 쉽게 짓는 죄입니다.

일상적인 예를 들어 설명하자면, 성경을 낭독할 때의 상
황은 친구가 보낸 편지를 다른 이들에게 읽어 주는 것과 흡사할

지 모릅니다. 나는 그 편지를 내가 직접 쓴 것처럼 읽지 않을 것입니다. 읽다 보면 편지를 보낸 이와 읽는 이가 다르다는 사실이 분명히 드러납니다. 그렇다고 해서 편지를 보낸 친구와 내가 아무 관계가 없는 듯 읽지도 않습니다. 개인적인 관심을 담아 그와의 관계를 생각하며 읽을 것입니다. 성경을 올바르게 읽는 것은 배워서 갖출 수 있는 기술의 문제가 아닙니다. 영적 상태에 따라 성장하기도 하고 퇴보하기도 할 따름입니다. 나이 많고 경험이 풍부한 그리스도인이 투박하지만 정성스럽게 성경을 낭독하는 편이 목회자가 청산유수로 형식을 완벽하게 갖추어 읽는 쪽보다 훨씬 나은 경우가 적지 않습니다. 그리스도인 생활 공동체에서는 이 문제와 관련해서 서로 조언과 도움을 줄 수 있습니다.

성경을 순차적으로 읽는다고 해서, 매일의 말씀 묵상을 제쳐 놓으라는 뜻은 아닙니다. 예배를 시작할 때나 다른 시간에 일주일 또는 그날 하루의 말씀을 정해 묵상할 수 있습니다.

새 노래로, 마음 다해

여호와께 노래하며

시편으로 기도하고 말씀을 읽은 뒤에는 다 함께 찬송합니다. 이는 찬양하고 감사하며 기도하는 교회의 목소리입니다. 시편 기자는 "새 노래로 여호와께 노래하라"라고 우리에게 거듭 명령합니다. 이것은 생활 공동체가 아침마다 새로이 하루를 열면서 부르는 찬송이고, 하늘과 땅의 모든 하나님의 교회가 부르는 새 노래이며, 우리도 함께 부르도록 부름받았습니다. 하나님은 영원 전부터 위대한 찬양의 노래를 친히 마련해 놓으셨으며 그분의 공동체에 들어가는 이는 누구나 이 노래에 동참합니다. 이것은 세상이 창조되기 전, "그때에 새벽 별들이 기뻐 노래하며 하나님의 아들들이 다 기뻐 소리를"(욥 38:7) 질렀던 바로 그 노래입니다. 이스라엘 백성이 홍해를 건넌 뒤 부른 승리의 노래이고, 수태고지를 받은 마리아가 부른 찬가이며, 한밤중에 바울과 실라가 감옥에서 불렀던 찬송이자, 구원받은 성도들이 유리 바다에서 부르는 "하나님의 종 모세의 노래, 어린양의 노래"(계 15:2-3)입니다. 천상의 교회가 부를 새 노래이기도 합니다.

지상의 교회는 매일 아침 이 찬송을 함께 부르고 저녁에도 이 찬송으로 하루를 마무리합니다. 삼위일체 하나님과 그분의 역사를 높이는 찬양입니다. 지상에서 부르는 이 노래는 하늘에서 부를 때와는 울림이 다릅니다. 땅에서는 믿는 이들의 송가이며, 하늘에서는 눈으로 직접 보는 이들의 찬양입니다. 땅에서는 연약한 인간의 언어로 표현하는 노래이지만, 하늘에서는 "사람이 가히 이르지 못할 말"(고후 12:4)로 드리는 찬송입니다. "십사만 사천밖에는 능히 … 배울 자가"(계 14:3) 없는 '새 노래'이며 "하나님의 거문고를"(계 15:2) 연주하며 부르는 노래입니다.

우리는 새 노래와 하나님의 거문고에 대해 무엇을 알고 있습니까? 우리의 새 노래는 지상의 노래, 하나님 말씀이 밝혀 주는 빛을 따라 걷는 순례자와 나그네의 노래입니다. 지상의 노래는 예수 그리스도를 통해 하나님이 계시하신 말씀에 매여 있습니다. 하나님의 아들딸이 되도록 부름받은 이 땅의 자녀들이 부르는 소박한 노래입니다. 무아지경에 빠지거나 격정에 취해서가 아니라 감사하며 차분하게 하나님이 계시하신 말씀에 경건하게 집중하는 노래입니다.

"너희의 마음으로 주께 노래하며 찬송하며"(엡 5:19). 새 노래는 무엇보다 마음에서 우러나와야 합니다. 그렇지 않으면 부를 수 없는 노래입니다. 그리스도로 충만하기에 마음이 노래하는 것입니다. 그러므로 교회에서 찬양하는 일은 모두 영적 활동입니다. 말씀에 대한 순종, 공동체 안으로 들어감, 깊은 겸손, 엄격한 절제는 모두 함께 찬양하는 데 꼭 필요한 조건입니다. 마음이 함께 노래하지 않는 곳에는 인간의 자화자찬이라는 불쾌한 가락만 있을 따름입니다. 하나님을 노래하지 않는 곳에서는 자기 자신이나 음악 자체를 기릴 뿐이고, 새 노래는 우상에게 바치는 송가가 되고 맙니다.

"시와 찬송과 신령한 노래들로 서로 화답하며"(엡 5:19). 지상에서 부르는 우리의 노래는 '말'입니다. 노래로 표현된 하나님 말씀이기도 합니다. 한곳에 모였을 때 그리스도인들은 왜 노래합니까? 이유는 단순합니다. 함께 노래하면서 같은 말씀을 이야기하고 더불어 기도할 수 있기 때문입니다. 달리 말하자면, 말씀으로 하나 될 수 있기 때문입니다. 모든 묵상과 모든 시선이 찬송에 담긴 말씀에 집중됩니다. 하나님 말씀을 단순히 말로 전하지 않고 노래로 옮긴다는 것은 말로는 우리가 이야기하고자 하는 바를 다 표현할 수 없고 우리 노래의 대상이 모든 인간의 언어를 훨씬 뛰어넘는다는 사실을 보여 줍니다. 우리는 그저 흥얼거리는 것이 아닙니다. 하나님께 드리는 찬양의 언어, 감사와 고백의 언어, 기도의 언어를 노래로 부릅니다. 이처럼 음악은 말씀을 섬깁니다. 음악은 말씀의 신비를 풀어서 설명해 줍니다.

예배에서 드리는 찬송은 말씀과 직결되어 있으므로 회중은 제창으로, 같은 멜로디로 함께 부릅니다. 생활 공동체에서는 특히 더 그렇습니다. 이렇게 제창할 때 가사와 멜로디가 독특한 방식으로 결합됩니다. 노래에 담긴 가사가 제창의 웅장한 음색을 기본적으로 받쳐 주기 때문에 다른 성조로 음악적 지원을 할 필요가 없습니다. 보헤미아 형제단은 이렇게 노래했습니다.

오늘 우리 한목소리로, 한마음을 품고,

마음 깊은 곳에서 우러나오는 찬양을 드립시다.

"한마음과 한 입으로 하나님 곧 우리 주 예수 그리스도의 아버지께 영광을 돌리게 하려 하노라"(롬 15:6). 음악적 기교라는 부적절한 동기에 영향받지 않는 제창의 순수함, 말씀과 별개로 음악 자체에 자율성을 부여하려는 시도로 손상되지 않는 선명함, 단순함과 간소함, 인간미와 따듯함이 모든 공동체 찬양의 핵심입니다. 물론 기교에 길들여진 우리 귀에는 이런 찬양이 잘 들어오지 않을지 모릅니다. 끈기 있게 훈련하며 갈고닦은 귀에만 서서히 들려 올 것입니다. 회중이 진정한 제창에 도달할 수 있을지는 영적 분별력에 달렸습니다. 이것은 마음에서 우러나오는 노래, 주님께 드리는 노래, 말씀을 부르는 노래이며, 하나가 되어 부르는 노래입니다.

공동체에는 제창을 망가뜨리는 몇 가지 요소가 있는데, 이를 반드시 제거해야 합니다. 찬송하는 시간만큼 예배에 허영심과 저속한 취향이 끼어들기 쉬운 자리도 없을 것입니다. 우선 즉흥적인 2부 화음이 있습니다. 이는 함께 노래하는 곳에서는 언제나 들을 수 있을 정도로 흔합니다. 제창의 웅장한 음조에 부족한 부분이 있다고 보고 이를 보완할 배경음을 깔아 주려 하지만 결국에는 가사와 음색을 다 망칠 뿐입니다. 자신의 엄청난 음역을 뽐내려는 듯 모든 찬송을 한 옥타브씩 낮춰 불러서 관심을 끌려는 베이스나 알토도 있습니다. 가슴 깊은 데서 힘껏 끌어낸 자신만만하고 우렁차며 떨리는 목소리로 다른 소리를 압도해 버리는 독창자도 있습니다. 상대적으로 덜 위험하긴 하지만 공동체 찬양에 방해가 되는 또 다른 경우가 있는데, 바로 노래를 잘못하는 음치들입니다. 이런 음치들은 생각보다 훨씬 적습니다. 마지막으로, 기분이 좋지 않다고 찬양에 참여하지 않는 사람들도 있는데, 이들도 결과적으로는 공동체에 폐를 끼칩니다.

제창이 이렇게 까다롭기는 하지만, 음악적 문제라기보다 영적 문제입니다. 모임에 참여하는 이들이 모두 경건하고 절제된 태도를 갖출 준비만 되었다면 음악적으로 다소 부족한 점이 있더라도 제창만의 특유한 기쁨을 누릴 수 있습니다.

제창을 연습할 때는 일단 종교 개혁 시대의 성가곡을, 이어서 보헤미아 형제단과 초기 기독교 공동체의 찬송가를 가져다 쓰는 게 좋습니다. 여기서 출발하면, 찬양집 중에서 어떤 곡이 함께 부르기에 적합한지 아닌지를 자연스럽게 판단할 수 있는 눈이 생깁니다. 이쪽 분야에서 자주 눈에 띄는 교조적 태도, 곧 융통성 없는 원칙주의는 해로울 뿐입니다. 이러한 문제를 둘러싼 결정은 오로지 각 사안의 장점을 바탕으로 내려야 하며, 전통을 파괴하는 태도를 가져서는 안 됩니다. 그러므로 기독교 생활 공동체는 힘닿는 대로 많은 찬송가를 완벽하게 암기해서 자유롭게 부를 수 있도록 노력해야 합니다. 예배 때마다 자유롭게 선택해서 부르는 찬송가 말고도 성경을 읽는 사이사이에 부를 짧은 곡을 정해 두면 이 목적을 달성할 수 있을 것입니다.

예배 시간만이 아니라 그날 하루에, 또는 일주일 중 어느 시간에 찬양을 할지 정해 놓아야 합니다. 찬양을 많이 할수록 더 큰 기쁨이 있습니다. 무엇보다, 우리가 더 마음을 모으고 더 절제하며 더 기쁘게 노래할수록, 함께 찬양할 때 공동체 생활 전반에 임하는 축복이 한층 풍성해질 것입니다.

함께 찬양하는 소리는 바로 교회의 목소리입니다. 노래하는 주인공은 아무개가 아니라 교회입니다. 우리는 저마다 교회의 한 지체로 그 찬양에 참여합니다. 그러므로 함께 부르는 올바른 찬양은 영적 지평을 넓혀 주어, 우리 작은 공동체가 이 세상에 있는 거대한 그리스도 교회의 한 지체임을 인식하게 하고, 노래 실력이 부족하든 근사하든 우리의 찬송을 기쁘고 기꺼운 마음으로 그 위대한 교회의 노래에 덧붙이게 합니다.

하나님의 말씀, 교회의 찬양, 우리의 기도는 서로 얽혀 있습니다. 그러므로 지금부터는 공동 기도에 관해 이야기하겠습니다. "너희 중의 두 사람이 땅에서 합심하여 무엇이든지 구하면 하늘에 계신 내 아버지께서 그들을 위하여 이루게 하시리라"(마 18:19). 공동 예배의 요소 중에서 기도만큼 만만찮은 문제와 어려움을 일으키는 부분도 없을 것입니다. 직접 입을 열어 말을 해야 하기 때문입니다. 우리는 하나님의 말씀을 들었고 거대한 교회의 찬송에 합류하도록 허락받았습니다. 이제는 공동체로서 하나님께 기도해야 합니다. 이 기도는 진정으로 '우리의 말'이어야 합니다. 오늘 하루를 위한 기도, 우리의 일을 위한 기도, 공동체를 위한 기도, 우리 모두의 마음을 짓누르는 특별한 어려움이나 죄를 위한 기도, 우리가 보살펴야 할 이들을 위한 기도입니다.

그렇다면 우리 자신을 위해서는 정말 아무것도 구해서는 안 될까요? 자신의 입말로 공동 기도를 드리고 싶다는 열망은 금지된 것일까요? 어떤 반론이 제기될지라도, 하나님 말씀 아래 더불어 살기를 원한다면, 그리스도인들이 저마다의 말로 함께 하나님께 기도할 수 있으며 또 그래야 한다는 것은 엄연한 사실입니다. 공동의 간구, 공동의 감사, 공동의 중보를 하나님 앞에 드려야 하며 확신을 품고 기뻐하며 나아가야 합니다. 한 형제가 지극히 소박하고 진지하게 공동 기도를 하나님께 드릴 때면, 다른 사람들 앞에서 자신의 말로 자유롭게 기도하는 것에 대해 두려워하거나 수줍어하는 마음은 버려야 합니다. 이와 마찬가지로, 우물쭈물하거나 유창하지 못하다 해도 예수 그리스도의 이름으로 드리는 기도라면, 그 기도를 평가하려는 의도로 관찰해서는 안 되며 비판해서도 안 됩니다. 함께 기도하는 것은 그리스도인의 공동생활에서 지극히 일상적인 일입니다. 흠 없고 성경적인 기도를 지키려는 절제가 유익하고 효과적이기는 하지만, 자유로운 기도 자체를 억누르지는 말아야 합니다. 예수 그리스도는 자유로운 기도에 대해 큰 약속을 해 주셨기 때문입니다.

예배 끝에 드리는 자유 기도는 가장이 맡는 것이 일반적입니다. 어쨌든 어느 한 형제가 맡아서 드리는 것이 가장 좋습니다. 그로서는 뜻하지 않은 책임을 짊어지는 셈이 되겠지만, 그 기도가 부당한 검증이나 주관적 오판의 대상이 되는 것을 막으려면, 한 사람이 지속적으로 모두를 위해 기도하는 것이 좋습니다.

한 사람이 공동체를 위해 기도할 수 있으려면 나머지 지체들의 중보기도라는 전제 조건이 충족되어야 합니다. 공동체가 기도로 견고하게 지지해 주지 않으면 어떻게 한 사람이 공동체 전체를 위해 기도할 수 있겠습니까? 이러한 점에서 비판의 말들은 모두 간절한 중보기도와 형제애에 근거한 지지로 바뀌어야 합니다. 그렇지 않으면 공동체가 얼마나 쉽게 조각조각 깨져 나가겠습니까? 공동 예배에서 드리는 자유 기도는 그 사람 개인의 기도가 아니라 공동체의 기도가 되어야 합니다. 공동체를 위해 기도하는 것이 그가 맡은 책임입니다. 그러므로 기도하는 사람은 공동체의 일상생활을 공유해야 합니다. 다른 지체들의 관심사와 필요, 기쁨과 감사, 간구와 소망을 알고 있어야 합니다. 그들이 하고 있는 일도 알아야 합니다. 형제들이 들고 오는 문제라면 모르는 것이 없어야 합니다.

기도자는 여러 형제들 가운데 속한 형제로서 기도해야 합니다. 자기 기분과 공동체의 마음을 혼동하지 않고 오로지 공동체를 위해 기도하는 책무에 충실하려면 늘 훈련하고 조심하는 자세가 필요합니다. 그러한 이유로, 기도 책임을 맡은 이가 다른 지체에게 조언과 도움을 얻고, 기도하는 중에 이런저런 필요나 어떤 일, 심지어 특정 인물을 기억해 달라는 제안과 요청을 받는 것은 아주 바람직한 일입니다. 그렇게 해서 기도는 모든 이들이 공동으로 드리는 간구가 되어 갑니다.

자유롭게 드리는 기도라 해도 결국 어떤 내면의 질서를 따릅니다. 자유 기도는 인간의 마음을 어지럽게 분출해 내는 것이 아니라 공동체를 위한 내적으로 질서 잡힌 기도입니다. 따라서 언뜻 달라 보일지 모르지만 속내는 비슷한 몇몇 관심사들이 날마다 되풀이될 수 있습니다. 처음에는 공동체로서 함께 기도해야 할 제목들이 매일 비슷하게 반복되어 다소 지루할 수도 있습니다. 하지만 시간이 갈수록 지나치게 개인적이었던 기도에서 확실히 자유로워질 것입니다. 하루하루 되풀이하는 기도를 더 확장할 여지가 있다면, 일주일 단위로 다르게 순서를 잡거나 계획을 세워 볼 수 있습니다. 공동 예배 때는 어려울지 몰라도 개인 기도 시간에는 분명 도움이 될 겁니다. 함께 읽는 성경 본문과 기도를 연계시키는 것도 자유 기도가 주관적인 기분에 휘둘리지 않도록 도와줍니다. 이런 시도는 기도를 단단히 지탱하고 깊이를 더합니다.

공동체를 위해 기도하는 책임을 맡은 사람이 영적으로 그 일을 감당할 형편이 전혀 아니라고 생각하여 그날 하루만은 누군가에게 책무를 넘기고 싶은 상황은 자주 생기게 마련입니다. 하지만 그런 식으로 책임을 넘기는 것은 바람직하지 않습니다. 그랬다가는 공동체의 기도가 영적인 삶과는 아무 상관이 없는 감정에 아주 쉽게 좌우될 것이기 때문입니다. 내면의 공허감과 피로감 때문에, 또는 개인적인 자괴감에 짓눌려 임무를 내려놓고 싶은 그 순간은 곧 공동체 안에서 책무를 감당한다는 것이 무슨 의미인지 배워야 하는 시점이기도 합니다. 공동체 구성원들은 허약하고 무기력하여 기도하지 못하는 형제를 지지해 주어야 합니다.

바울의 말에 담긴 심오한 진리를 깨닫는 지점이 바로 여기일지도 모릅니다. "이와 같이 성령도 우리의 연약함을 도우시나니 우리는 마땅히 기도할 바를 알지 못하나 오직 성령이 말할 수 없는 탄식으로 우리를 위하여 친히 간구하시느니라"(롬 8:26). 결국, 공동체가 그 형제와 형제의 기도를 이해하고 지지하며 모두의 기도로 받아들여 함께 기도하느냐에 모든 것이 달려 있습니다.

상황에 따라 공식적인 기도문을 사용하는 것은 작은 가족 모임에도 아주 유용합니다. 하지만 그러한 전례 기도는 종종 참다운 기도를 피하는 우회로 구실을 합니다. 교회가 보유한 풍부한 형식과 사상을 빌려 오면 자신만이 드릴 수 있는 기도를 하지 못할 수 있기 때문입니다. 아름답고 심오한 기도문일지는 몰라도 진정한 기도는 아닐 것입니다. 교회의 기도 전통은 기도하는 법을 배우는 데 도움이 되지만, 그것으로 지금 내가 하나님께 마땅히 드려야 할 기도를 대신할 수는 없습니다. 더듬더듬 말하는 더없이 초라한 기도가 형식에 맞추어 잘 다듬은 기도보다 나을지 모릅니다. 공적인 예배는 날마다 드리는 가족 예배와 상황이 다르다는 사실은 두말할 필요가 없습니다.

그리스도인의 공동체에는 날마다 드리는 공동 예배를 넘어 특별한 기도 모임을 꾸리고 싶다는 욕구가 있습니다. 여기에 규정 같은 것을 따로 마련하지 않아도 괜찮지만, 형제들이 한마음으로 원하고 정해진 시간에 모두 참석할 수 있을 때에만 모여야 한다는 원칙만은 지켜야 합니다. 어떤 독립적인 움직임이든 공동체에 분열의 씨앗을 뿌릴 수 있습니다. 바로 이 지점에서, 강한 자가 약한 자의 짐을 나눠 지고 약한 자가 강한 자를 판단하지 않는 모습을 보여야 합니다. 신약 성경은 자유롭게 기도하는 모임은 그리스도인의 신앙생활에서 더없이 자연스러운 모습이며 흔쾌히 받아들여야 한다고 가르칩니다. 그러나 불신과 불안이 존재한다면 인내하며 서로 품어야 합니다. 무엇 하나라도 억지로 밀어붙여서는 안 됩니다. 모든 일은 자유와 사랑의 바탕 위에서 이뤄져야 합니다.

주님이 함께하시는
공동체의 식탁 교제

그리스도인 공동체의 아침 예배 순서를 따라 여기까지 왔습니다. 하나님의 말씀, 교회의 찬양, 공동의 기도로 새날의 문턱을 넘습니다. 공동체는 영원한 생명의 떡을 공급받고 강건해진 후에야, 한데 모여 이 육신의 생명을 위해 하나님이 허락하신 이 땅의 떡을 받습니다. 기독교 생활 공동체의 지체들은 감사 기도를 드리고 하나님의 은혜를 구하면서 하나님의 손에서 일용할 양식을 받습니다. 예수 그리스도가 제자들과 함께 식탁에 앉으신 이후로, 공동체의 식탁 교제는 주님의 임재라는 축복을 누려왔습니다. "그들과 함께 음식 잡수실 때에 떡을 가지사 축사하시고 떼어 그들에게 주시니 그들의 눈이 밝아져 그인 줄 알아보더니 예수는 그들에게 보이지 아니하시는지라"(눅 24:30-31).

성경은 예수님이 제자들과 함께하신 세 종류의 식탁 교제를 소개합니다. 매일의 식탁 교제, 성만찬 교제, 하나님 나라의 최종적인 식탁 교제입니다. 이 세 가지를 통틀어 가장 중요한 핵심은 "그들의 눈이 열려서 예수를 알아보았다"는 점입니다.

떡을 받아 들면서, 곧 선물을 받으면서 예수 그리스도를 알아보았다니, 이것이 무슨 뜻일까요?

첫째로, 예수님을 모든 선물을 주시는 분, 다시 말해 성부 하나님, 성령 하나님과 더불어 이 세상의 주님이자 창조주로 알아보았다는 뜻입니다. 그러므로 식탁 공동체는 "'당신'께서 우리에게 주신 선물을 축복하소서"라고 기도하며 예수 그리스도의 영원한 신성을 고백합니다.

둘째로, 예수 그리스도와 그분의 말씀, 그분의 메시지로 인해 온 세상이 존속되듯이, 공동체는 세상의 모든 선물이 오직 그리스도로 인해 주어졌음을 고백합니다. 주님은 참된 생명의 양식입니다. 선물을 주시는 분일 뿐 아니라 선물 그 자체이십니다. 지상의 모든 선물이 그분을 위해 존재합니다. 예수 그리스도에 관한 메시지가 더 퍼져 나가서 그분에 대한 믿음을 갖게 해야 하며 우리의 믿음이 아직 온전해지지 않았기에 하나님은 인내하시며 선한 선물을 주셔서 우리로 삶을 이어 가게 하십니다. 그러므로 그리스도인의 식탁 공동체는 마르틴 루터를 따라 기도합니다. "주 하나님, 하늘 아버지여, 자비로운 은혜로 주 예수 그리스도를 통해 우리에게 베푸신 이 선물들을 축복하소서. 아멘." 이렇게 공동체는 예수 그리스도가 거룩한 중보자요 구원자이심을 고백합니다.

셋째로, 예수를 따르는 공동체는 주님의 임재를 간구하기만 하면 그분이 기꺼이 함께하신다고 믿습니다. 그러기에 "주 예수님, 오셔서 우리의 손님이 되어 주소서"라고 기도하며, 예수 그리스도가 은혜로 어디에나 계심을 고백합니다. 식탁 교제를 할 때마다, 살아서 함께하시는 주님이자 하나님인 예수 그리스도에 대한 감사로 그리스도인들의 마음은 가득 채워집니다. 이는 물질적인 선물에 영적인 의미를 병적으로 부여하려는 것이 아닙니다. 그리스도인들은 오히려 육신의 삶이 주는 은택을 진심으로 기뻐하며 주님이 온갖 선한 선물을 주시는 진짜 주인임을, 더 나아가 진정한 선물이며 참다운 생명의 양식 자체이심을, 결국에는 우리를 하나님 나라의 잔치에 초대하시는 분임을 알아봅니다. 이처럼 날마다 이어지는 식탁 교제는 독특한 방식으로 그리스도인을 주님과 단단히 연결합니다. 식탁에서 떡을 나누어 주시는 분이 주님이심을 알아보고, 믿음의 눈이 열립니다.

식탁 교제는 마치 잔치와 비슷합니다. 하나님이 일을 마치신 후에 쉬셨다는 것과 안식일이 한 주간의 삶과 수고의 의미이자 목적이라는 사실을 하루하루 노동 한가운데서 끊임없이 상기시키고 또 상기시킵니다. 인간의 삶에는 노고와 노동이 있을 뿐 아니라 하나님의 선하신 뜻 가운데 누리는 회복과 기쁨도 있습니다. 우리가 애써 일하지만, 하나님이 우리를 먹이고 떠받쳐 주십니다. 잔치를 벌여야 할 이유가 바로 여기에 있습니다. 근심하며 "수고의 떡"(시 127:2)을 먹을 것이 아니라 "기쁨으로 음식물을"(전 9:7) 먹어야 합니다. "내가 희락을 찬양하노니 이는 사람이 먹고 마시고 즐거워하는 것보다 더 나은 것이 해 아래에는 없음이라"(전 8:15). 하지만 "그분께서 주시지 않고서야, 누가 먹을 수 있으며, 누가 즐길 수" 있겠습니까?(전 2:25, 새번역) 성경은 모세와 아론이 시내 산에 오를 때 동행했던 장로 70명이 "하나님을 뵙고 먹고 마셨더라"라고 합니다(출 24:11).

잔치에 참석하지 않은 것처럼, 우울한 모습으로 식사를 하거나, 잘난 척하며 분주하게 서두르거나 때로는 수치스러워하며 떡을 떼는 모습을 하나님은 견딜 수 없어 하십니다. 하나님은 매일 마주하는 밥상을 통해 우리에게 기뻐하라고, 일상 중에도 잔치를 놓치지 말라고 말씀하십니다.

그리스도인의 식탁 교제는 의무이기도 합니다. '우리가' 먹는 일용할 양식은 '나만의' 것이 아닙니다. 우리는 양식을 나눕니다. 그러므로 공동체는 영적으로만이 아니라 온전히 육체적인 존재로서 서로 단단히 결속되어 있습니다. 공동체가 받아 지닌 떡 한 덩이가 견고한 언약이 되어 서로를 잇습니다. 이제 한 사람에게 양식이 있다면 누구도 굶주려서는 안 됩니다. 이런 육신의 교제를 끊는 사람은 영적인 교제 역시 깨트리게 됩니다. 이 둘은 밀접하게 관련되어 있습니다.

"주린 자에게 네 양식을 나누어 주며"(사 58:7), "굶주린 사람을 멸시하지"(집회서 4:2) 말아야 합니다. 주님이 굶주린 이의 모습으로 우리를 찾아오시기 때문입니다(마 25:37). "만일 형제나 자매가 헐벗고 일용할 양식이 없는데 너희 중에 누구든지 그에게 이르되 평안히 가라, 덥게 하라, 배부르게 하라 하며 그 몸에 쓸 것을 주지 아니하면 무슨 유익이 있으리요"(약 2:15-16). 함께 양식을 나누기만 한다면, 지극히 적은 양으로도 모두가 먹기에 충분할 것입니다. 자기 떡을 자기만 먹으려고 움켜쥐면, 굶주리는 사람들이 생겨납니다. 이것은 하나님의 기묘한 법칙입니다. 물고기 두 마리와 떡 다섯 개로 5천 명을 먹이신 기적 이야기를 비롯해 이와 비슷한 많은 이야기들에 이런 뜻이 있는 것 아닐까요?

식탁 교제는 그리스도인들이 이 세상의 순례자로서 썩어 없어질 떡을 여전히 먹어야 하지만, 이 떡을 서로 나눈다면 언젠가 하나님 나라에서 썩지 않을 떡을 함께 받으리라는 사실을 가르쳐 줍니다. "하나님의 나라에서 떡을 먹는 자는 복되도다"(눅 14:15).

하루의 노동 한복판으로
확장되는 기도

아침 첫 시간이 지나면 그리스도인의 하루는 저녁까지 노동으로 채워집니다. "사람은 나와서 일하며 저녁까지 수고하는도다"(시 104:23). 대다수 기독교 생활 공동체는 노동 시간 동안 각자 흩어져 지냅니다. 기도와 노동은 별도의 영역입니다. 일이 기도를 방해하면 안 되지만, 기도 역시 일을 훼방하면 안 됩니다. 인간이 엿새 동안 일하고 일곱째 날에 주님의 임재 안에서 쉬며 거룩한 날을 지키는 것이 하나님의 뜻이듯, 그리스도인이 하루하루를 기도와 노동으로 채우는 것 역시 주님의 뜻입니다. 기도에 시간을 할애해야 합니다. 하지만 하루의 대부분은 일의 몫으로 돌아갑니다. 기도와 노동이 각기 제 몫의 시간을 확보할 때 비로소 둘이 떼려야 뗄 수 없이 얽혀 있음이 분명해집니다. 하루의 수고와 노동이 없다면 기도는 기도가 아닙니다. 기도가 없으면 노동도 노동이 아닙니다. 이것은 오직 그리스도인만 아는 사실입니다. 그러므로 둘을 명확하게 가를 때 둘의 동일성이 선명히 드러납니다.

일은 인간을 사물의 세계로 몰아넣습니다. 그리스도인은 형제들끼리 어울리는 세계에서 빠져나와 비인격적 사물, 즉 '그것'(Es)의 세계로 들어갑니다. 이 새로운 만남은 객관성을 제공합니다. '그것'의 세상은 그리스도인의 자기중심적 태도와 이기주의를 깨끗이 씻어 내기 위해 하나님의 손에 들린 도구에 지나지 않기 때문입니다. 세상의 노동은 자신을 잊어야 해낼 수 있습니다. 자기를 내려놓고 사물, 현실, 과업, 다시 말해 '그것'에 몰두할 때만 성취할 수 있다는 뜻입니다. 일하는 과정에서 그리스도인은 책무에 맞추어 자신을 제한하는 법을 배우며, 그 결과 노동은 육신의 나태와 안일을 고치는 치료제가 됩니다. 사물의 세계에서 육신의 욕구는 스러지고 맙니다. 하지만 이는 다만 그리스도인이 '그것'을 돌파하여 '너'(Du), 즉 노동을 명하시고 그 일을 우리 자신에게서 벗어나는 도구로 삼으신 하나님께 나아갈 때만 가능합니다.

그렇다고 해서 노동이 더 이상 노동이기를 멈추는 것은 아닙니다. 오히려 노동이 자신에게 어떤 유익을 주는지 아는 사람들은 진심으로 노동의 고되고 혹독한 면모를 찾아내 기꺼이 받아들이려 합니다. '그것'과 벌이는 끊임없는 싸움은 여전합니다. 하지만 동시에 돌파구가 열립니다. 기도와 노동의 통합, 즉 하루의 통합이 드러납니다. 하루의 노동이라는 '그것' 뒤에서 '너', 즉 하나님을 발견하는 것, 그것이 바로 바울이 "쉬지 말고 기도하라"(살전 5:17) 했을 때 염두에 두었던 뜻이기 때문입니다.

그러므로 그리스도인의 기도는 규정된 시간을 넘어 노동 한복판까지 확장됩니다. 기도는 하루 전체를 아우릅니다. 그렇다 해도 일을 방해하지는 않습니다. 도리어 일을 진척시키고 지지하며 일에 의미를 부여하고 기쁨을 더합니다. 따라서 그리스도인의 모든 말과 모든 수고, 모든 노동은 기도가 됩니다. 이는 반드시 감당해야 할 임무를 한사코 외면한다는 비현실적 의미에서가 아니라 엄혹한 '그것'을 뚫고 은혜로운 '너'에게 나아가는 진정한 돌파라는 의미에서 그러합니다. "또 무엇을 하든지 말에나 일에나 다 주 예수의 이름으로 하고"(골 3:17).

이렇게 하루가 통일되면 종일 질서와 규율이 잡힙니다. 아침 기도 시간에 하루의 질서를 추구하고 찾으면 나가서 일하는 동안에도 꾸준히 유지될 것입니다. 아침에 드리는 간구가 하루를 결정합니다. 부끄러워하게 될 시간 낭비, 유혹에 굴복해 버린 모습, 일터에서의 게으르고 무기력한 태도, 뒤죽박죽 무질서한 생각과 인간관계는 십중팔구 아침 기도를 소홀히 했기 때문입니다. 기도에 토대를 둘 때 우리는 시간을 바르게 관리하고 배분할 수 있습니다. 일상에서 만나는 유혹은 하나님으로 이어지는 돌파구를 통해 이겨 낼 수 있습니다. 인간에 대한 두려움 때문이 아니라 하나님의 임재 안에서 판단하면 일터에서 필요한 결정을 내리기가 훨씬 단순하고 쉬워질 것입니다. "무슨 일을 하든지 마음을 다하여 주께 하듯 하고 사람에게 하듯 하지 말라"(골 3:23). 하나님을 알고 하나님의 명령대로 행할 때, 날마다 기계적으로 돌아가는 일마저도 더 인내하며 해낼 수 있습니다. 오늘의 노동을 감당하는 데 필요한 힘을 달라고 하나님께 기도하면, 일할 힘이 더 붙고 기운도 더 납니다.

형편이 허락하면, 기독교 생활 공동체는 점심시간을 하루 여정에 잠시 쉼표를 찍는 시간으로 삼을 수 있습니다. 이미 하루의 절반이 지나갔습니다. 공동체는 하나님께 감사하며 저녁까지 지켜 주시길 기도합니다. 일용할 양식을 받아 들고 종교 개혁 시대의 찬송가 가사로 기도합니다. "아버지, 당신의 자녀들을 먹이시고, 고통받는 죄인들을 위로하소서." 하나님께서 양식을 주셔야 합니다. 그러나 감히 먹을거리를 달라고 마치 권리를 행사하듯 요청할 수 없고 그렇게 해서도 안 됩니다. 불쌍한 죄인인 우리는 그럴 자격이 없기 때문입니다. 그렇기에 하나님이 베푸시는 양식은 고통받는 이들에게 위로가 됩니다. 하나님이 은혜와 신실함으로 자녀들을 돌보고 인도하신다는 표지인 까닭입니다.

성경이 "누구든지 일하기 싫어하거든 먹지도 말게 하라"(살후 3:10)라고 가르치는 것은 엄연한 사실입니다. 양식 얻는 것은 순전히 노동에 달려 있다고 말합니다. 하지만 일하는 사람이 하나님께 양식을 당연히 요구할 수 있다는 말씀은 어디서도 찾아볼 수 없습니다. 노동은 분명히 명령이지만, 양식은 하나님이 값없이 은혜로 주시는 선물입니다. 일을 하면 양식을 받는 것이 당연하다고 생각하면 안 됩니다. 이것이 바로 하나님이 세우신 은혜의 질서입니다.

하루는 다 주님의 소유입니다. 그러므로 기독교 생활 공동체는 하루의 중간 지점에 하나님이 초대하신 식탁에 함께 모입니다. 교회와 시편 기자는 하루 일곱 번 기도 시간을 정했는데 점심시간도 그중 하나입니다. 하루의 정점을 맞아 삼위일체 하나님의 놀라운 역사를 소리 높여 찬양하고 하나님이 도우심을 베푸셔서 속히 구원해 주시기를 기도합니다. 예수님이 십자가에 달리셨을 때, 정오가 되자 하늘이 캄캄해졌습니다. 대속의 역사가 마무리되는 순간입니다. 공동체가 그 시간에 모여 찬송과 기도로 짧게라도 예배를 드린다면 결코 헛되지 않을 것입니다.

하루의 노동이 끝납니다. 힘들고 고달픈 하루를 보낸 그리스도인이라면, 파울 게르하르트(Paul Gerhardt)가 이야기하려는 뜻을 이해하고도 남습니다.

> 머리와 손과 발은
> 이제 하루의 일이 끝났음을
> 기뻐하도다.
> 마음이여, 너 또한 즐거워하라.
> 이 세상의 비참함과

죄로 인한 노동에서 자유로워지리라.

오늘 하루는 믿음을 지키기에 충분히 긴 시간이었습니다. 내일은 내일의 근심이 또 기다리고 있을 테니 말입니다.

공동체가 다시 한자리에 모입니다. 저녁 식탁 교제와 마지막 예배를 함께하는 시간입니다. 엠마오로 가던 제자들이 드렸던 기도를 드립니다. "우리와 함께 유하사이다 때가 저물어 가고 날이 이미 기울었나이다"(눅 24:29). 하루가 끝나는 시간에 예배를 드린다면, 그래서 잠자리에 들기 전에 말씀을 들을 수 있다면 더 바랄 것이 없습니다. 한밤의 어둠이 내려앉을 즈음이면 하나님 말씀의 빛이 공동체를 한층 환하게 밝힐 것입니다. 새날을 열 때처럼 시편 기도, 찬송, 공동 기도로 하루를 닫습니다.

저녁 기도에 몇 마디 보탤 말이 있습니다. 이 시간은 공동으로 중보하기에 알맞습니다. 하루의 노동을 정리한 뒤, 모든 그리스도인과 교회 성도들, 사역하는 목회자, 가난하고 가엾고 외로운 이들, 병들고 죽음을 앞둔 이들, 우리의 이웃, 집에 있는 사랑하는 가족, 우리 공동체를 위해 은혜와 평화와 보호를 간구합니다. 손에 든 일을 내려놓고 하나님의 손에 자신을 맡기는 이 시간보다 하나님의 권능과 역사를 더 깊이 맛볼 수 있는 순간이 또 있을까요? 모든 활동을 멈추는 이 시점보다 은혜와 평안, 보호를 구하기에 더 좋은 때가 어디 있을까요? 우리는 점점 지쳐 갈 때도 하나님은 그분의 일을 하십니다. "이스라엘을 지키시는 이는 졸지도 아니하시고 주무시지도 아니하시리로다"(시 121:4).

아울러, 공동체의 저녁 기도에는 특히 하나님과 형제들에게 저지른 모든 잘못을 사해 주시기를 구하는 기도가 들어가야 합니다. 하나님과 형제들의 용서를 받는 동시에 다른 사람들이 우리에게 행한 잘못을 기꺼이 용서할 마음을 갖게 해 주시기를 간구해야 합니다. 옛 수도원의 저녁 예배 시간에는 정해진 순서에 따라 원장이 형제들에게 저지른 잘못과 과실에 대해 용서를 구하고 형제들이 그를 용서했음을 보증해 주면, 이번에는 형제들이 원장에게 그들의 허물과 실수를 용서해 주기를 간청하고 용서받는 관습이 있었습니다. "해가 지도록 분을 품지 말고"(엡 4:26). 그날 벌어진 다툼은 밤이 되기 전에 해결하는 것이 모든 기독교 공동체의 해법입니다. 화해하지 않고 잠자리에 드는 것은 그리스도인에게 아주 위험한 행동입니다. 그러므로 서로 화해하고 새 마음으로 교제할 수 있도록 저녁 예배 시간에는 서로에게 용서를 구하는 별도의 시간을 갖는 것이 좋습니다.

마지막으로, 고대의 저녁 기도들을 보면, 악마와 공포, 불행과 갑작스러운 죽음에서 밤새 지켜 주시길 간구하는 대목이 얼마나 자주 나오는지 놀라울 정도입니다. 옛사람들은 잠자는 인간의 무력함, 잠과 죽음의 밀접한 연관성, 무방비 상태의 인간을 타락시키는 악마의 교활한 술책을 잘 알고 있었습니다. 그래서 사탄의 지배를 받을 위험에 처할 때 천군 천사들이 황금 무기를 들고 지켜 주기를 기도했습니다.

가장 주목할 만한 심오한 기도는 눈을 감고 잘 때에도 마음만은 깨어 있게 해 주시길 하나님께 구하는 고대 교회의 간구입니다. 주님의 임재를 의식하지 못할지라도 우리 안에 함께 거하시기를, 한밤의 온갖 걱정과 두려움에도 불구하고 마음을 순결하고 거룩하게 지켜 주시기를, 마음이 늘 깨어 있어서 어린 소년 사무엘처럼 하나님의 부르심을 알아들으며 한밤중에라도 "여호와여 말씀하옵소서 주의 종이 듣겠나이다"(삼상 3:9)라고 대답할 수 있도록 구하는 기도입니다. 잠든 중에도 우리는 하나님의 손안에 있거나 또는 악의 권세 가운데 있습니다. 잠자는 동안에도 하나님은 우리에게 놀라운 역사를 일으키실 수 있고 또는 악이 우리를 파멸로 몰아갈 수도 있습니다. 그래서 우리는 밤마다 기도합니다.

이곳에서 우리 눈은 잠들었으나
우리 마음은 주님께 깨어 있게 하소서.
하나님의 오른손으로 우리를 보호하시고,

죄의 결박에서 우리를 풀어 주소서.

— 마르틴 루터

아침과 저녁에 시편 말씀이 우리와 함께합니다. "낮도 주
의 것이요 밤도 주의 것이라"(시 74:16).

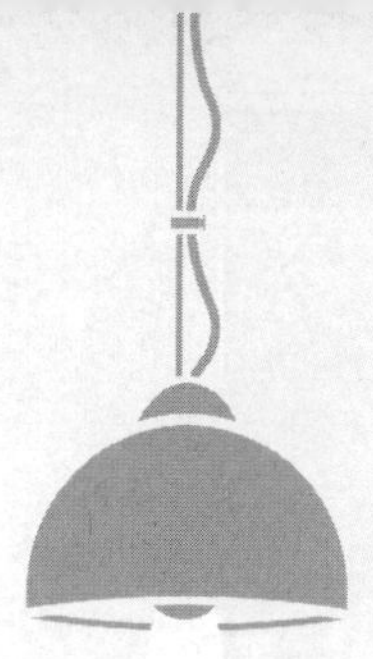

손에 든 일을 내려놓고
하나님의 손에 자신을 맡기는 이 시간보다
하나님의 권능과 역사를
더 깊이 맛볼 수 있는 순간이 또 있을까요?

우리는 점점 지쳐 갈 때도
하나님은 그분의 일을 하십니다.

Gemeinsames
Leben

3
홀로 있는 시간

하나님 말씀과 독대하고
궁핍한 내면을 직시하다

"하나님, 시온에서 주님을 찬양함이 마땅한 일이니"(시 65:1, 새번역). 혼자 있는 것이 두려워서 공동체를 갈망하는 이들이 많습니다. 외로움을 참을 수 없기에 다른 이들과 어울리기를 갈구하는 것입니다. 홀로 있는 것을 견디지 못하고 자신과의 관계에서 힘든 경험을 했던 그리스도인들 역시 도움을 기대하며 공동체에 들어와 다른 사람들과 함께 지내려 합니다. 하지만 열에 아홉은 실망합니다. 사실 자신의 문제인데도 그것을 가지고 공동체에 비난의 화살을 돌립니다.

그리스도인의 공동체는 영혼의 요양원이 아닙니다. 자신에게서 도망치려고 공동체를 찾는 이는 공동체를 쓸데없는 잡담이나 오락을 하는 곳으로 악용합니다. 그 잡담이나 오락이 제아무리 영적인 것처럼 보인다 해도 마찬가지입니다. 진심으로 공동체를 추구할 마음은 눈곱만큼도 없이 잠시나마 외로움을 잊게 할 도취 상태를 찾는 것이고, 이는 오히려 극단적인 인간 고립을 초래할 뿐입니다. 그런 식으로 치료법을 찾으려고 애쓴다면, 소통과 진실한 경험이 와해되고 마침내 체념과 영적 죽음에 이르게 됩니다.

홀로 있음과
공동체 형제들과 함께함

홀로 있을 수 없는 이는 공동체 교제에 주의해야 합니다. 그는 자신과 공동체 모두에게 해만 끼칠 뿐입니다. 하나님이 부르실 때, 당신은 하나님 앞에 홀로 서야 합니다. 부르심에 홀로 답해야 하고, 홀로 싸우며 기도해야 하고, 홀로 죽음을 맞이해야 하며, 홀로 하나님의 심판대 앞에 서야 합니다. 당신은 자신에게서 도망칠 수 없습니다. 하나님이 당신을 분명히 구별해서 선택하셨기 때문입니다. 만약 당신이 혼자 있기를 거부한다면 그리스도의 지명을 거절하는 셈이며 부르심을 받은 이들의 공동체에도 참여할 수 없습니다. "죽음이라는 도전은 누구에게나 닥쳐오며 아무도 남을 위해 대신 죽을 수 없다. 모두가 죽음과 맞붙어 홀로 외로이 서서 자신만의 싸움을 싸워야 한다. … 그때 나는 여러분과 함께할 수 없고, 여러분도 나와 함께할 수 없다"(마르틴 루터).

하지만 바꾸어 말해도 '참'입니다. **공동체에 속하지 않은 이는 홀로 있음을 조심해야 합니다.** 당신은 공동체 안으로 부름받았으며 그 부르심은 당신만을 위해 계획된 것이 아니었습니다. 당신은 부름받은 이들의 공동체 안에서 당신의 십자가를 지고 분투하며 기도합니다. 심지어 죽음 앞에서도 혼자가 아닙니다. 마지막 날, 당신은 예수 그리스도의 큰 무리 가운데 속한 지체일 뿐입니다. 형제들과 교제하기를 거부한다면 예수 그리스도의 부르심을 물리치는 것과 다름없고, 결국 당신의 홀로 있음은 자신에게 해가 될 뿐입니다. "내가 죽더라도 죽음 속에 홀로 있는 것이 아니다. 내가 고난을 당하면 그들(교회)도 나와 함께 고난을 당한다"(마르틴 루터).

그러므로 공동체 안에 있을 때만 우리는 홀로 있을 수 있고, 홀로 있는 사람만이 공동체 안에서 살 수 있습니다. 이 둘은 불가분의 관계입니다. 공동체 안에 있을 때만 진정으로 홀로 있는 법을 배우고, 홀로 있을 때만 공동체 안에서 제대로 사는 법을 배웁니다. 어느 한쪽이 앞서는 것이 아니라 예수 그리스도의 부르심을 받는 순간 둘은 동시에 시작됩니다. 둘 중 어느 하나만

취하는 것은 심각한 어려움과 위험 요인을 품고 있습니다. 홀로 있음은 없고 공동체 교제만 원하는 이는 말과 감정만 남는 공허함에 빠지고, 공동체 교제 없이 홀로 있음만 추구하는 이는 허무와 자기도취, 절망의 심연 속에 스러집니다.

홀로 있을 수 없는 이는 공동체를 경계해야 합니다. 공동체에 속하지 않은 이는 홀로 있음을 조심해야 합니다.

공동체 형제들과 어울려 지내는 날이 있다면 개인적으로 홀로 지내는 날도 있어야 합니다. 반드시 그래야 합니다. 홀로 있는 날이 없으면 함께 지내는 날도 공동체나 개인에게 유익이 되지 않습니다.

하나님 말씀을 듣기 위한 침묵

홀로 있음의 표징이 '침묵'이라면, 공동체의 표징은 '말'입니다. 고독과 공동체가 그러하듯 침묵과 말 역시 전혀 다르면서도 내적으로는 연결되어 있습니다. 둘 중 어느 하나가 없으면 다른 하나도 존재할 수 없습니다. 올바른 말은 침묵에서 나오고, 올바른 침묵은 말에서 비롯됩니다. 침묵은 묵언이 아닙니다. 말이 잡담

공동체 안에 있을 때만 진정으로 홀로 있는 법을 배우고,
홀로 있을 때만 공동체 안에서 제대로 사는 법을 배웁니다.

홀로 있을 수 없는 이는 공동체를 경계해야 합니다.
공동체에 속하지 않은 이는 홀로 있음을 조심해야 합니다.

을 뜻하지 않는 것과 마찬가지입니다. 묵언은 홀로 있음을 만들지 못하고, 잡담은 교제를 만들지 못합니다. "침묵이란 말의 범람이자 도취이며 희생이다. 하지만 묵언은 부정한 것으로서, 손상된 것일 뿐 제물로 드려진 것은 아니다. … 사가랴는 침묵한 것이 아니라 말을 못하게 된 것(묵언)이다. 그가 계시를 받아들였다면 묵언이 아니라 침묵하면서 성전을 나섰을 것이다"(에르네스트 엘로[Ernest Hello]).

공동체를 세우고 하나로 묶어 주는 '말'에는 언제나 침묵이 따릅니다. "잠잠할 때가 있고 말할 때가 있으며"(전 3:7). 그리스도인의 하루에는 말을 위해 따로 떼어 놓는 시간, 곧 공동 예배와 기도 시간이 있습니다. 이처럼 하나님 말씀 아래에서 그분의 말씀에 근거한 침묵의 시간 또한 반드시 필요합니다. 그 시간은 특히 말씀을 듣기 전과 후가 될 것입니다. 말씀은 수다스럽게 재잘거리는 사람이 아니라 침묵하는 사람에게 임합니다. 성소의 고요함은 말씀 안에 거하시는 하나님의 거룩한 임재를 보여 주는 표지입니다.

침묵이란 말씀을 통한 하나님의 계시를 낮춰 보는 행태라고 생각해서 침묵에 무관심하거나 부정적 태도를 보이는 이들이 있습니다. 이는 침묵을 제의적인 몸짓 혹은 말씀을 넘어선 세계로 들어가고 싶어 하는 신비적 욕망으로 잘못 번역한 시각입니다. 침묵과 말씀의 뿌리 깊은 관계를 놓친 처사이기도 합니다. 침묵은 하나님 말씀 아래 저마다 간직하는 순전한 고요를 의미합니다. 말씀을 듣기 전에 침묵하는 이유는 우리의 온 생각이 이미 그 말씀을 향하고 있기 때문입니다. 어린아이가 아버지 방에 들어갈 때 소란을 피우지 않는 것과 같습니다. 말씀을 들은 후에도 우리는 침묵합니다. 그 말씀이 여전히 우리 안에서 말씀하고 있으며 우리 안에 거처를 마련하고 있기 때문입니다. 우리는 하루를 시작할 때 침묵합니다. 하나님이 첫 말씀을 하셔야 하기 때문입니다. 우리는 잠자리에 들기 전에 침묵합니다. 마지막 말씀 역시 하나님의 몫이기 때문입니다. 우리는 오직 말씀을 위해서만 침묵을 지킵니다. 말씀을 멸시하려는 것이 아니라 말씀을 높이고 맞아들이려는 것입니다.

침묵은 다름 아니라 하나님의 말씀을 기다리는 일이며 그 말씀으로 은혜를 입는 것입니다. 말이 넘쳐 나는 시대를 살다 보니, 우리가 배우고 실천해야 할 중요한 덕목이 침묵임을 누구나 잘 알고 있습니다. 참된 침묵, 참된 고요, 진정한 의미에서 자기 혀를 제어하는 자질은 영적 침묵의 지극히 당연한 결과입니다.

말씀 앞에서의 침묵은 온종일 영향을 미칩니다. 말씀 앞에서 잠잠히 기다리는 법을 배웠다면 하루 동안 침묵과 말을 다루는 법도 알게 될 것입니다. 용납할 수 없는 침묵, 오만하고 불쾌한 침묵도 있습니다. 이것만 봐도 침묵이 그저 말하지 않는 상태에 그쳐서는 안 됨을 알 수 있습니다. 그리스도인의 침묵은 귀 기울여 듣는 침묵이며, 자신을 낮추기 위해 언제라도 깰 수 있는 침묵입니다. 말씀과 함께하는 침묵이기도 합니다. 그러한 뜻에서 토마스 아 켐피스는 "기꺼이 침묵할 수 있는 사람만큼 더 자신 있게 말할 수 있는 사람은 없다"라는 말을 남겼습니다. 잠잠함에는 명확하게 하고 순수하게 하며 본질에 집중하게 하는 놀라운 힘이 있습니다. 이는 세상에서도 어김없는 사실입니다. 하지만 말씀 앞에서 침묵하면 제대로 듣게 되고 하나님 말씀을 적절한 시점에 올바로 말하게 됩니다. 불필요한 말은 대부분 입 밖에 내지 않습니다. 핵심적이고 요긴한 내용은 몇 마디 말로도 넉넉히 전할 수 있습니다.

옹색한 공간에 지체들이 모여 살고 있어서 개인적으로 고요한 시간을 가질 수 없는 형편이라면, 침묵할 수 있는 시간을 공식적으로 떼어 놓는 것이 필수적입니다. 침묵하는 시간을 보낸 사람은 이전과는 다르고도 새로운 방식으로 타인을 대할 수 있습니다. 생활 공동체는 이런 규정을 마련하는 것만으로도 홀로 있고자 하는 지체들의 필요를 채우고 전체가 해를 입지 않도록 보호할 수 있습니다.

그리스도인이 홀로 있음과 침묵을 지킬 때 생기는 놀라운 유익을 여기서 다 다루지는 않으려 합니다. 이 대목은 주제에서 벗어나 길을 잃을 가능성이 크기 때문입니다. 사람들은 침묵에서 비롯된 좋지 못한 경험을 쏟아 낼 수도 있습니다. 침묵은 슬픔과 공포로 가득한 광야가 될 수도 있고, 자기 기만적인 낙원이 될 수도 있습니다. 그 어느 쪽도 더 나을 것이 없습니다. 그러므로 어찌 됐든, 애초에 의도했던 그대로, 침묵할 때는 하나님 말씀과 직접 만나는 것 외에는 아무것도 기대해서는 안 됩니다. 그 만남은 선물로 주어집니다. 그리스도인은 그 만남에 무엇을 기대한다든가 무엇을 얻고 싶다는 따위의 조건을 내세우지 말아야 합니다. 그저 주시는 대로 받기만 한다면 당신의 침묵은 넉넉히 보상받을 것입니다.

하나님 앞에서 홀로 있는 시간

하루 중에 홀로 있는 시간을 따로 떼어 놓아야 할 이유는 세 가지가 있습니다. 성경 묵상, 기도, 중보기도입니다. 날마다 갖는 묵상 시간에 이 세 가지가 모두 들어가야 합니다. '묵상'(Schriftbetrachtung, 관조)이라는 단어 자체는 중요하지 않습니다. 묵상은 오래전부

터 교회에 존재해 왔고 종교 개혁 시대에도 통용되던 개념으로,
우리가 다시 재발견한 것입니다.

1) 말씀과 독대하는 묵상의 시간

공동 예배에서 이미 이 모든 일을 다 했는데, 왜 개인적으로 특별한 시간을 떼어 놔야 하는지 궁금할지도 모르겠습니다.

답하자면, 이렇습니다. 개인 묵상 시간은 성경을 숙고하고 사사로운 기도와 중보에 전념하는 시간이며 다른 목적은 전혀 없습니다. 영적 실험을 해 볼 여지도 없습니다. 오로지 이 세 가지만을 위해서 시간을 내야 합니다. 이는 하나님이 친히 그렇게 말씀하셨기 때문입니다. 오랫동안 묵상을 단지 '하나님을 섬기려 할 때 마땅히 해야 할 일'이라고만 이해했다 해도 충분할 것입니다.

묵상 시간은 우리를 공허감과 고독감의 깊은 구덩이로 몰아넣는 것이 아니라 하나님 말씀과 독대하게 합니다. 딛고 서야 할 토대와 내디뎌야 할 정확한 방향을 우리는 묵상하는 가운데 받습니다. 함께 드리는 예배에서는 길게 이어지는 본문을 읽는 반면, 개인 묵상 시간에는 추려 낸 짧은 구절에 집중합니다. 필요하다면 그 말씀을 일주일 내내 되새길 수도 있습니다. 말씀을 공동체가 함께 읽을 때 전체 성경을 종횡으로 끝까지 누빈다면,

개인 묵상 시간에는 특정 구절과 표현을 끝없이 파고듭니다. 양쪽 모두 필요합니다. "능히 모든 성도와 함께 … 그 너비와 길이와 높이와 깊이가 어떠함을 깨달아"(엡 3:18-19).

홀로 묵상하는 시간에는 우리에게 주어진 본문 구절이 그날 하루 동안 자신 또는 그리스도인의 삶에 관해 지극히 개인적 차원에서 이야기하는 바가 있다는 약속을 붙들고 읽습니다. 교회를 향한 하나님의 말씀일 뿐 아니라 저마다에게 주시는 주님의 말씀임을 믿는 것입니다. 우리는 말씀이 개인적으로 다가올 때까지 낱말 하나하나에 자신을 비춰 봅니다. 이는 더없이 순진하고 아는 바가 별로 없는 그리스도인이 날마다 말씀을 붙들고 씨름하는 모습과 다르지 않습니다. 하나님 말씀을 자신에게 주신 하나님 말씀으로 읽는 것입니다.

그러므로 이 본문이 다른 이들에게는 무슨 의미인지 물을 필요가 없습니다. 목회자라면, 본문을 어떻게 설교하고 가르칠까가 아니라 정확하게 그 자신에게 무슨 말을 하는지 물어야 한다는 의미입니다. 그렇다면 본문 말씀의 내용을 이해하는 것이 우선입니다. 말씀을 주해하거나, 설교를 준비하거나, 어떤 형태로든 성경 공부를 하는 것이 아닙니다. 그저 하나님의 말씀이 찾아오길 기다릴 따름입니다. 이것은 헛된 기다림이 아니라 분명한 약속에 근거한 기다림입니다.

우리는 갖가지 생각과 상념, 걱정거리에 시달리고 짓눌리기 십상이므로 하나님 말씀이 이 모든 것을 쓸어버리고 다가오기까지 오랜 시간이 걸릴 수 있습니다. 하지만 말씀은 어김없이 찾아옵니다. 하나님이 친히 인간을 찾아오셨고 언젠가 다시 오실 것이 확실한 것과 같습니다. 하나님께 성령님을 보내셔서 말씀을 보여 주시고 우리 마음을 깨우쳐 달라고 기도하며 개인 묵상을 시작하는 속뜻이 여기에 있습니다.

묵상할 때 본문 전체를 한 번에 다 살필 필요는 없습니다. 한 문장, 심지어 한 단어에 사로잡혀 멈춰 서야 할 때가 있습니다. 일단 거기에 붙들리면 어물쩍 지나갈 도리가 없기 때문입니다. '아버지', '사랑', '자비', '십자가', '거룩함', '부활' 같은 단어 하나만으로도 자신이 정해 놓은 묵상 시간을 채우고도 남지 않을까요?

그러므로 묵상할 때 생각과 기도를 말로 표현하지 않아도 괜찮습니다. 그저 듣기만 했을 때 떠오른 생각과 기도가 더 유익한 경우가 많습니다.

묵상하면서 새로운 아이디어를 찾아낼 필요도 없습니다. 그렇게 하면 주의가 산만해지고 허영심을 부추길 뿐입니다. 우리가 읽고 이해한 대로 말씀이 내면에 깃든다면 그걸로 충분합니다. 마리아가 목자들의 말을 '마음에 새기어' 두었듯, 또 어쩌다 들은 이야기가 오래도록 맴돌면서 좀처럼 사라지지 않고 우리 마음 한구석에 도사리고 있으면서 우리가 애쓰지 않아도 우리를 괴롭게 하거나 기쁘게 하듯, 하나님 말씀도 우리가 묵상하는 가운데 우리 안에 들어와 머물고 싶어 합니다. 그 말씀은 우리를 일깨우고 우리 안에서 움직이면서 역사하고 우리가 온종일 그 말씀에서 떠나지 못하게 붙듭니다. 자각하지 못할 때도 많지만, 말씀은 그렇게 우리 안에서 일합니다.

묵상할 때, 우리가 생각지 못했던 특별한 일을 경험해야 하는 것은 아닙니다. 특별한 일이 일어날 수도 있지만, 그렇지 않다고 한들 그 시간이 헛되다는 의미는 아닙니다. 처음 묵상할 때도 그렇지만, 영적으로 엄청나게 메마르고 무감각한 느낌이 거듭해서 든다든지, 묵상 자체에 거부감이나 무력감까지 드는 순간이 있게 마련입니다. 그때 꺾이면 안 됩니다. 이런 경험에 발목 잡혀 묵상 시간을 포기하지 않도록 인내와 성실로 싸워야 합니다.

묵상하면서 숱하게 마주하는 좋지 않은 경험을 심각하게 받아들이는 것은 좋지 않습니다. 바로 이 지점에서 옛 허영심과 하나님을 향한 부당한 요구가 경건함의 가면을 쓰고 조용히 끼어들 수 있습니다. 마치 우리에게는 언제나 더 크고 풍성한 일을 경험할 권리만 있기라도 한듯, 가난한 내면과 맞닥뜨리는 것은 자신에게 어울리지 않는 일인 것처럼 착각하게 하는 것입니다. 그런 마음가짐으로는 앞으로 나아갈 수 없습니다. 조급하고 자책하는 태도는 자기만족을 추구하려는 생각을 부추기고 자기중심적인 성찰의 덫에 단단히 얽어맬 따름입니다.

그리스도인의 삶 전체뿐 아니라 묵상할 때에도 우리는 자기중심적인 성찰에 빠질 겨를이 없습니다. 오로지 주어진 말씀에만 신경 써야 하고 그 결과는 말씀의 역사에 맡겨야 합니다. 하나님이 친히 공허함과 메마름뿐인 시간을 주신 것은 다시금 만사를 그분의 말씀에서 기대하라는 뜻이 아닐까요? "기쁨을 구하지 말고 하나님을 구하라." 이것이 모든 묵상의 기본 원칙입니다. 하나님 한 분만 구하면 기쁨을 얻을 것입니다. 이것이 묵상이 주는 약속입니다.

2) 말씀의 인도를 받는 기도의 시간

말씀 묵상은 기도로 이어집니다. 가장 바람직한 기도 방법은 성경 말씀의 인도를 받아, 성경 말씀에 토대를 두고 구하는 것이라고 이미 이야기했습니다. 이렇게 기도하면 자신의 공허함에 매몰되지 않을 것입니다. 기도는 다름 아니라 언제든 기꺼이 말씀을 받아들이고 거기에 맞춰 가며, 더 나아가 자신의 상황 속에서 특정 과제와 결정, 죄와 유혹 따위에 적용하는 것입니다.

공동체가 함께 드리는 기도에 담지 못할 내용도 개인 기도를 할 때는 하나님께 은밀히 고할 수 있습니다. 우리는 성경 말씀에 근거해서 하루를 환하게 밝혀 주시길, 죄에서 지켜 주시길, 나날이 주님처럼 거룩해지길, 신실하고 힘 있게 일할 수 있기를 기도합니다. 하나님의 말씀과 약속에 기대어 기도했으므로 하나님이 분명히 들어주시리라 확신할 수 있습니다. 하나님 말씀은 그리스도 안에서 성취되었기에, 이 말씀에 따라 드리는 기도는 예수 그리스도 안에서 반드시 성취되고 응답됩니다.

묵상할 때 특히 어려운 점은 우리 생각이 아무개를 향했다가 다시 이러저러한 인생사로 쏠리는 식으로 갈피를 잡지 못하고 쉬이 방황한다는 것입니다. 이런 모습이 우리를 거듭 피곤하고 부끄럽게 할지라도, 용기를 잃고 초조해한다거나 심지어 묵상이 별 소용 없다고 생각하면 안 됩니다. 그런 상황에서는 생각을 억지로 되돌리려 하기보다는 자꾸 생각나는 사람이나 사건을 차분하게 기도에 담으며 묵상의 시작점으로 끈질기게 되돌아가는 편이 종종 도움이 됩니다.

3) 형제를 하나님께 데려가는 중보의 시간

개인 기도를 성경 본문과 연결 짓듯, 중보기도도 그래야 합니다. 공동 예배 시간에는 우리가 돌봐야 할 모든 사람을 다 거론하며 중보하거나 어떤 식으로든 부탁받은 만큼 기도해 주기가 어렵습니다. 그리스도인이라면 저마다 중보기도를 부탁받거나 특별히 기도해 주어야 할 책임을 느끼는 대상이 있게 마련입니다.

무엇보다도, 날마다 함께 살고 있는 사람들을 위한 기도가 중요합니다. 여기서 우리는 모든 그리스도인 공동체의 심장 박동 소리가 들리는 지점에 이르게 됩니다. 그리스도인 공동체는 서로를 위해 기도하는 중보에 기대어 생존하며, 그렇지 않으면 이내 무너지고 맙니다. 내가 중보기도하는 형제라면, 제아무리 힘들게 하는 사람이라도 비난하거나 미워할 수는 없는 법입니다. 낯설고 용납하기 어려웠던 상대의 얼굴이, 내가 그를 위해 중보기도하는 가운데 차츰 그리스도가 목숨 바쳐 구원한 형제, 용서받은 죄인의 모습으로 바뀌어 갑니다. 다른 사람을 위해 기도하기 시작한 그리스도인에게 이는 감격스러운 깨달음입니다. 중보기도로 이겨 내지 못할 거부감이나 개인적인 긴장, 불화는 없습니다. 중보기도는 개인과 공동체가 날마다 들어가야만 하는, 정결케 하는 목욕탕과도 같습니다. 중보기도 중에 형제와 힘들게 씨름해야 할 때도 있지만, 그 씨름에는 마침내 목표에 이르리라는 약속이 담겨 있습니다.

어떻게 이런 일이 일어납니까? 중보기도란 다름 아니라,

형제를 하나님의 임재 앞으로 데려가는 것입니다. 예수 그리스도의 십자가에 비추어 그를 가련한 인간으로, 은혜가 꼭 필요한 죄인으로 바라보는 것입니다. 그러면 그 형제를 밀어내게 하던 온갖 것이 사라지고 그의 결핍과 곤궁만 보입니다. 형제의 궁핍이 너무 심각하고 쓰라린 나머지 그것이 마치 자신의 것인 양 느껴지니 기도할 수밖에 없습니다. "주님, 주님의 엄하심과 선하심으로 주님께서 친히 이 형제를 다루어 주십시오." 중보기도를 드린다는 것은 자신이 받아 누리는 권리, 다시 말해 그리스도 앞에서서 그분의 자비를 받을 권리를 형제에게도 준다는 뜻입니다.

이는 우리의 중보기도가 하나님과 형제들을 위해 날마다 감당해야 할 섬김이라는 점을 또렷이 보여 줍니다. 이웃을 위한 중보기도를 마다하는 이는 그리스도인으로서 해야 할 섬김을 거부하는 것이나 다름없습니다. 중보기도는 일반적이고 모호한 것이 아니라 아주 구체적이라는 점도 확실합니다. 중보기도는 특정한 누군가의 구체적인 어려움을 두고 드리는 특정한 기도입니다. 중보기도가 구체적일수록 응답받으리라는 소망도 더 커집니다.

마지막으로, 중보기도 사역이 시간을 들여야 하는 일이라는 사실을 피할 수 없습니다. 모든 그리스도인이 그렇게 해야 하며, 특히 온 교인을 책임지는 목회자는 더더욱 그래야 합니다.

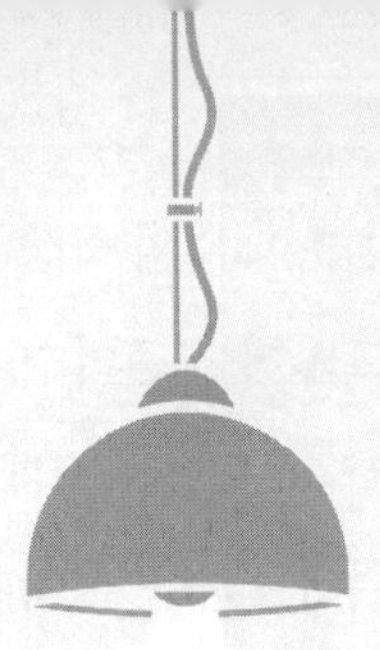

중보기도란 다름 아니라,
형제를 하나님의 임재 앞으로
데려가는 것입니다.

예수 그리스도의 십자가에 비추어
그를 가련한 인간으로,
은혜가 꼭 필요한 죄인으로
바라보는 것입니다.

제대로 하자면, 매일의 묵상 시간을 중보기도에 다 써야 할지도 모릅니다. 그렇게 꾸준히 기도하노라면 중보기도는 모든 그리스도인과 그리스도인 공동체에 하나님이 은혜로 베푸신 선물임이 선명히 드러납니다. 이처럼 중보기도는 헤아릴 수 없을 만큼 엄청난 하나님의 선물이므로, 기쁜 마음으로 받아야 합니다. 중보기도에 들이는 시간은 곧 행복의 원천이 되어 하나님과 그리스도인 공동체로 인한 새로운 기쁨을 선사할 것입니다.

성경 묵상과 기도, 중보기도는 마땅히 실천해야 할 섬김입니다. 하나님의 은혜가 그 안에 있으므로, 온갖 다른 일로 섬길 때처럼 시간을 정해서 따로 떼어 놓는 연습을 해야 합니다. 이것은 '율법주의'가 아니라 질서이며 성실함입니다. 대다수의 사람들에게는 이른 아침이 최상의 시간이리라 생각됩니다. 남들이 무슨 요구를 하든, 우리는 이 시간을 확보할 권리가 있습니다. 아무리 어려운 일이 있다 해도 아무에게도 방해받지 않는 고요한 시간을 고수해야 합니다. 목회자에게 이 시간은 조금도 게을리할 수 없는 의무이며, 사역 전반의 성패가 여기에 달렸습니다. 일상적인 삶을 신실하게 꾸리는 법을 체득하지 못한 이가 어떻게 큰일에 마음을 바쳐 신실할 수 있겠습니까?

그리스도인은 날마다 비기독교적인 환경에서 많은 시간을 홀로 보내게 됩니다. 이 시간은 검증받는 시간입니다. 우리의 묵상이 진실한지, 우리 공동체가 참된 기독교 공동체인지 시험하는 것입니다. 공동체가 각 개인을 자유롭고 강하고 성숙한 존재로 만들었습니까, 아니면 약하고 의존적인 존재로 만들었습니까? 잠시 손을 잡아 주어 다시 제힘으로 걸어갈 수 있게 했습니까, 아니면 그를 겁쟁이로 만들고 불안을 안겼습니까? 이것은 모든 기독교 공동체에 제기할 수 있는 더없이 심각하고 결정적인 질문입니다.

더 나아가, 묵상 시간이 그리스도인을 비현실적인 세계로 이끌어서 평범한 일상으로 돌아오는 순간 겁에 질리게 했는지, 아니면 하나님의 실제적인 세계로 이끌어 그를 강하고 정결하게 만들어 하루를 시작하게 했는지가 그 순간에 결정됩니다. 묵상 시간은 일상적인 삶의 현장으로 복귀하자마자 이내 스러질 영적 희열을 잠깐 맛보일 뿐이었습니까, 아니면 하나님 말씀을 마음에 깊고도 확실하게 심어 그를 지탱하며 강고하게 만들어 적극적인 사랑과 순종, 선한 일을 하게 했습니까? 이는 오직 하루의 삶으로만 판단할 수 있습니다.

　그리스도인 공동체라는 눈에 보이지 않는 존재가 한 사람 한 사람에게 실재이자 도움이 됩니까? 다른 이들의 중보기도가 온종일 나와 함께하고 있습니까? 하나님 말씀이 늘 곁에서 내게 위로와 힘을 줍니까? 아니면, 나는 공동체와 말씀과 기도를 거슬러 홀로 있는 시간을 악용합니까? 홀로 있는 시간이 공동체 전체에 영향을 미친다는 사실을 알아야 합니다. 홀로 있을 때도 공동체를 파괴하고 더럽힐 수 있으며, 그와 반대로 단단하고 거룩하게 할 수도 있습니다. 그리스도인의 절제된 행동 하나하나가 공동체를 섬기는 일이기도 합니다.

　다르게 말하면, 생각이든, 말이든, 행동이든, 지극히 개인적이고 은밀하다 할지라도 온 공동체에 상처를 입히지 않는 죄는 없습니다. 병균이 몸에 들어온다고 합시다. 그 병균이 어디서 비롯됐는지, 몸의 어느 부분에 자리 잡았는지 전혀 알 수 없지만, 몸은 이미 감염되었습니다. 그리스도인 공동체에 딱 들어맞는 비유입니다. 우리는 한 몸의 지체들입니다. 그렇게 마음먹을 때만 그런 것이 아니라 우리의 존재 전체가 원래 한 몸의 지체입니다. 모든 지체는 저마다 온몸을 위해 일하며, 몸을 건강하게 만들 수도 있고 망가뜨릴 수도 있습니다. 이것은 이론이 아니라 영적인 현실입니다. 그리스도인 공동체는 놀라우리만치 또렷이, 때로는 파괴적으로, 더러는 유익하게 그 결과를 체감합니다.

일과를 마치고 기독교 생활 공동체로 돌아오는 지체는 홀로 지내며 받은 은총을 가져오고, 그 자신도 새로이 공동체의 축복을 누립니다. 공동체 교제에 힘입어 홀로 있는 사람은 복이 있습니다. 홀로 있음의 힘으로 공동체 교제를 지키는 사람 역시 복이 있습니다. 하지만 홀로 있음의 힘과 공동체의 힘은 오직 공동체에 속한 개인 한 명 한 명에게 베푸시는 하나님 말씀의 능력입니다.

Gemeinsames
Leben

4

형제 섬김

나를 낮추고 타인을 긍정하며
그의 짐을 짊어지다

"제자 중에서 누가 크냐 하는 변론이 일어나니"(눅 9:46). 누가 이런 생각을 기독교 공동체에 뿌리는지 다들 잘 압니다. 하지만 기독교 공동체가 첫발을 내딛기 무섭게, 이 생각이 불화의 싹으로 돋아나기 시작한다는 점은 그다지 염두에 두지 않는 듯합니다. 사람들은 모이자마자 서로를 관찰하고 판단하며 서열을 매기기 시작합니다. 이처럼 기독교 공동체가 시작되는 순간부터, 보이지도 않고 종종 무의식적이기까지 한 생사가 걸린 싸움이 시작됩니다. "변론이 일어나니." 이것만으로도 공동체는 무너지기에 충분합니다.

그러므로 기독교 공동체는 출발하는 순간부터 이 위험한 적에 단호히 맞서 이를 완전히 뿌리 뽑아야 할 절박한 필요가 있습니다. 여유 부릴 틈이 없습니다. 사람은 누군가를 만나는 첫 순간부터 상대를 압박할 전략적 위치를 차지하려 들기 때문입니다. 강한 사람과 약한 사람이 있습니다. 자신이 강하지 않다는 판단이 들면 그는 즉시 약자의 권리를 주장하면서 강자를 공격하는 데 이용합니다.

재능 있는 사람과 재능 없는 사람, 순진한 사람과 까다로운 사람, 경건한 사람과 덜 경건한 사람, 사교적인 사람과 독불장군이 있습니다. 재능 있는 사람이 자기 자리를 지키듯 재능 없는 사람도 자기 자리를 가져야 하지 않을까요? 까다로운 사람이나 순진한 사람 모두 마찬가지입니다. 내가 재능이 없더라도 경건할 수는 있습니다. 내가 경건하지 않다면 그것은 내가 경건하고 싶지 않기 때문일 것입니다. 사교적인 사람은 한순간에 모든 것을 독차지하고 독불장군에게 창피를 줄 수도 있지 않을까요? 독불장군은 사교적인 사람이 이길 수 없는 적이 되어 마침내 최종적인 승자가 될 수 있지 않을까요? 직관적인 확신을 가지고 자신을 방어할 자리를 찾아내지 못할 사람이 어디 있겠습니까? 그는 그 자리를 남에게 절대 내주지 않을 것이며 자기주장 본능을 총동원해 그 자리를 지키려고 싸울 것입니다.

이 모든 일은 더없이 교양 있고 심지어 가장 경건해 보이는 모습으로도 일어날 수 있습니다. 하지만 여기 중요한 점이 있습니다. 기독교 공동체 안 어디에선가 분명히 "누가 크냐?"라는 다

툼이 벌어지고 있음을 알아야 한다는 점입니다. 이것은 자연적
인간이 자기를 정당화하기 위해 벌이는 싸움입니다. 자연적 인
간은 그저 다른 사람과 자신을 비교하고, 다른 사람을 손가락질
하고 판단하는 방식으로 자신을 확인하려 합니다. 자기 정당화
와 타인에 대한 정죄는 항상 함께합니다. 은혜로 말미암는 칭의
와 다른 이를 위한 섬김이 늘 붙어 다니는 것과 같습니다.

조언을 핑계로
형제를 비방하지 말라

악한 생각과 싸우는 가장 효과적 방편은 악한 생각을 말로 표현
하지 않도록 철저히 삼가는 것입니다. 오로지 성령의 은혜로만
자기 정당화의 영을 극복할 수 있다는 것은 분명합니다. 누군가
를 판단하는 생각이 들더라도 그 생각을 한사코 말로 표현하지
않는다면 그 생각은 갇히어 질식당합니다. 죄를 고백하는 경우
는 예외인데, 이 문제는 나중에 다루겠습니다. 혀를 길들이는 사
람은 마음과 몸을 모두 다스릴 수 있습니다(약 3:3).

따라서 모든 그리스도인 공동체 생활의 확고한 규정은 형
제자매에 대해 뒤에서 말해서는 안 된다는 것입니다. 이 규정이

개인적 책망까지 포함하는 것은 분명히 아닌데, 여기에 관해서는 나중에 이야기하겠습니다. 하지만 형제를 두고 뒤에서 수군거리는 행위는 도움과 선의의 모양을 갖추었다 한들 허용될 수 없습니다. 형제를 해치려는 미움의 영은 바로 이런 모습으로 위장해서 언제나 교묘히 숨어들기 때문입니다.

지금은 이 규정의 세세한 예외 사항을 일일이 검토하는 자리가 아닙니다. 그것은 사안에 따라 판단할 문제입니다. 하지만 요점은 분명하고 성경적입니다. "앉아서 네 형제를 공박하며 네 어머니의 아들을 비방하는도다 … 내가 너를 책망하여 네 죄를 네 눈앞에 낱낱이 드러내리라"(시 50:20-21).

"형제들아 서로 비방하지 말라 형제를 비방하는 자나 형제를 판단하는 자는 곧 율법을 비방하고 율법을 판단하는 것이라 네가 만일 율법을 판단하면 율법의 준행자가 아니요 재판관이로다 입법자와 재판관은 오직 한 분이시니 능히 구원하기도 하시며 멸하기도 하시느니라 너는 누구이기에 이웃을 판단하느냐"(약 4:11-12).

"무릇 더러운 말은 너희 입 밖에도 내지 말고 오직 덕을 세우는 데 소용되는 대로 선한 말을 하여 듣는 자들에게 은혜를 끼치게 하라"(엡 4:29).

처음부터 혀를 제어하는 훈련을 하면, 누구든지 비할 데 없이 소중한 깨달음을 얻습니다. 누군가를 속속들이 캐고, 판단하고, 정죄하고, 자기가 쥐고 흔들 수 있는 위치에 몰아넣음으로써 그에게 폭력을 행사하던 일을 내려놓게 됩니다. 이제 형제가 하나님이 의도하신 모습으로 살아가도록 완전히 자유롭게 놓아줄 수 있습니다. 시야가 넓어진 이들은 놀랍게도 형제들을 통해 창조주 하나님의 풍성한 영광을 처음으로 보게 됩니다.

타인을 내 뜻대로
뜯어 고치려 하는가

하나님은 우리가 빚고 싶은 방식대로 타인을 만들지 않으셨습니다. 하나님이 누군가를 내 형제로 보내 주신 이유는 내 마음대로 그를 지배하고 통제하라는 것이 아니라 그를 통해 창조주를 발견하게 하심입니다. 예전에는 타인이 성가신 애물단지에 지나지 않았지만, 이제는 그가 창조될 때 부여받은 자유 안에서 내게 기쁨의 이유가 됩니다. 하나님은 누군가를 내 눈에 보기 좋은 형상으로, 쉽게 말해 그를 내 모습대로 빚어 가기를 원하지 않으십니다. 오히려 나에게서 독립된 자유로운 존재로 하나님의 형상을 따라 지으셨습니다. 하나님의 형상이 다른 이에게서 어떻게 나타날지 우리는 미리 알 길이 없습니다. 하나님의 자유롭고 주권적인 창조를 통해 빚어진 그 형상은 완전히 새롭고 독특한 모습일 것입니다. 그 모습은 내가 보기에 낯설고 심지어 불경스러울지 모릅니다. 그러나 하나님은 타인을 십자가에 못 박힌 그분 아들의 모습으로 빚으십니다. 이 사실을 제대로 이해하기 전에는 그 형상이 낯설고 불경스러워 보입니다.

강함과 약함, 지혜로움과 어리석음, 재능 있음과 재능 없음, 경건함과 경건치 않음 등 공동체 안에 있는 개인들의 다양한 모습은 더 이상 그들을 비방하고 판단하고 정죄할 근거가 되지 않으며 자기 정당화의 구실도 되지 않습니다. 오히려 서로 기뻐하고 섬길 이유가 될 뿐입니다. 공동체의 각 개인은 저마다 고유한 자리를 부여받지만, 그 자리는 자신을 더없이 잘 내세울 수 있는 자리가 아니라 다른 이들을 가장 잘 섬길 수 있는 자리입니다.

그리스도인 공동체에서 중요한 것은, 모든 사람이 사슬에서 없어서는 안 될 고리로 잘 연결되어 있는가 하는 것입니다. 가장 작은 고리 하나까지도 단단히 맞물려 있어야 사슬은 끊어지지 않습니다. 역할을 맡지 못한 지체들이 방치되도록 놔두는 공동체는 바로 그 이유로 무너지고 맙니다. 그러므로 모든 개인이 공동체를 위해 감당할 명확한 과제를 받는 것이 바람직합니다. 그러면 의구심이 드는 순간에도 자신이 쓸모없고 무능력한 존재가 아님을 되새기게 됩니다. 모든 기독교 공동체가 알아야 할 것이 있습니다. 약한 자에게는 강한 자가 필요하지만, 강한 자 역시 약한 자 없이는 존재하지 못한다는 사실입니다. 약한 자를 소외시키는 행태는 곧 그 공동체의 종말을 뜻합니다.

자기 정당화와 그로 인한 폭력이 아니라 은혜로 말미암은 칭의와 그로 인한 섬김이 기독교 공동체를 움직여야 합니다. 평생에 단 한 번이라도 하나님의 사랑을 체험한 사람은 이제부터 줄곧 섬기기만을 갈망하게 됩니다. 남을 판단하는 오만한 자의 자리에 더 이상 마음이 끌리지 않습니다. 낮은 자리로 내려가 비천하고 궁핍한 이들과 함께하기를 원합니다. 하나님이 바로 그 낮은 자리에서 그를 찾아내셨기 때문입니다. "높은 데 마음을 두지 말고 도리어 낮은 데 처하며"(롬 12:16).

내 뜻과 고집을 꺾고 형제를 섬길 때

섬기는 법을 배우려는 이는 우선 자신을 낮추는 법을 알아야 합니다. "마땅히 생각할 그 이상의 생각을 품지 말고"(롬 12:3). "참으로 자신을 알고 자신을 낮추어 보는 마음가짐, 이것이야말로 가장 고상하며 더없이 유익한 가르침이다. 자신을 대단하게 여기지 않으며 다른 이들을 늘 훌륭하게 보는 자세는 위대한 지혜이자 완전함이다"(토마스 아 켐피스). "스스로 지혜 있는 체하지 말라"(롬 12:16).

예수 그리스도 안에서 받은 죄 사함에 기대어 사는 사람만이 제대로 자신을 낮추어 볼 것입니다. 그는 예수님의 용서를 받은 순간 자기 지혜가 완전히 끝났음을 깨닫습니다. 그는 무엇이 선이고 무엇이 악인지 알고 싶어 하다가 끝내 그 지혜 때문에 멸망의 길을 갔던 첫 번째 사람의 지혜를 기억할 것입니다. 태를 열고 나온 첫 인간은 형제 살해범인 가인이었습니다. 이것이 인간의 지혜가 낳은 열매입니다. 그리스도인은 더 이상 자신을 지혜롭다고 생각할 수 없으므로, 자신의 계획과 설계에 대해서도 높은 점수를 주지 않습니다. 이웃과 부대끼며 제 의지가 꺾이는 편이 유익하다는 사실을 알게 됩니다. 그는 자기 뜻보다 이웃의 뜻을 더 중요하고 시급하게 여길 마음의 준비가 되어 있습니다. 자신의 계획이 틀어진들 대수이겠습니까? 자기 방식을 고집하는 것보다 이웃을 섬기는 편이 더 낫지 않을까요?

타인의 뜻이 내 뜻보다 중요한 것처럼, 타인의 명예도 내 명예보다 중요합니다. "너희가 서로 영광을 취하고 유일하신 하나님께로부터 오는 영광은 구하지 아니하니 어찌 나를 믿을 수 있느냐"(요 5:44). 자신의 영광을 좇고자 하는 욕구는 믿음을 가로막습니다. 자신의 영광을 추구하는 사람은 더는 하나님과 이웃을 찾지 않습니다. 그러나 내가 부당한 일을 당한들 무슨 해가 있겠습니까? 하나님이 나를 사랑으로 대해 주지 않으신다면 나는 더 심한 벌을 받아야 마땅하지 않겠습니까? 부당한 일을 당할 때조차도 그보다 천 배는 더 심하게 당해야 내게 합당한 것 아닐까요? 그렇게 소소한 불의를 묵묵히 참고 견디는 것이 겸손을 배우는 데 유익하지 않겠습니까? "참는 마음이 교만한 마음보다 나으니"(전 7:8).

은혜로 말미암아 의롭다 하심을 받고 거기에 기대어 사는 사람은 모욕과 상처까지도 저항 없이 기꺼이 받아들이며, 징계이자 은혜를 베푸시는 하나님의 손길로 여겨 서슴없이 수용합니다. 이런 말을 듣고 견딜 수 없어서, 바울도 로마 시민권을 내세웠고 예수님도 때리는 자들에게 "네가 어찌하여 나를 치느냐?"라고 맞서지 않았느냐고 곧바로 되받아친다면, 이는 좋지 않은 조짐입니다. 어찌 됐든, 모욕이나 수치를 당할 때 침묵하는 법을 배우지 않으면 그 누구도 진정 예수님과 바울처럼 행동할 수 없습니다. 공동체에서 그토록 빨리 불타오르는 '예민함'이라는 죄는 우리 안에 얼마나 많은 거짓된 명예욕이, 다시 말해 얼마나 많은 불신앙이 여전히 공동체 안에 부글거리고 있는지를 거듭 보여 줍니다.

내 죄가
가장 악하다는 인식

마지막으로, 너무 극단적이다 싶은 이야기까지 해야겠습니다. 또렷한 정신으로 가감 없이 말하거니와, 자신을 지혜롭다 생각지 않고 낮은 자리에 처한다는 것은 곧 자신을 가장 큰 죄인으로 여긴다는 의미입니다. 이는 자연적 인간뿐 아니라 자부심 가득한 그리스도인에게도 거부감을 일으키는 말입니다. 거짓말에 가까운 허세처럼 들릴지도 모릅니다. 하지만 바울조차도 "죄인 중에 내가 괴수"(딤전 1:15)라고 했습니다. 더구나 이 말은 자신이 사도로서 어떻게 섬겨 왔는지 이야기하는 맥락에서 나왔습니다. 자신의 죄를 진정 통감한다면 결국 이처럼 극단적인 인식에 이를 수밖에 없습니다.

　　자신의 죄가 다른 이들의 죄에 비해 조금이라도 작거나 덜 혐오스러워 보인다면, 아직도 자신의 악함을 제대로 실감하지 못한 것입니다. 내 죄는 필연적으로 가장 크고, 가장 지독하며,

가장 비난받을 만한 것입니다. 형제애는 다른 사람의 죄에 대해서는 정상참작의 요건을 숱하게 찾아내게 할 수 있지만, 내 죄에 관해서는 변명의 여지를 두지 못하게 합니다. 그러므로 내 죄가 가장 악합니다. 공동체 안에서 형제를 섬기려면 이만큼 깊은 겸손의 경지에 이르러야 합니다. 상대방이 나보다 더 악하다고 생각되는데 어떻게 진정 겸손한 자세로 그를 섬길 수 있겠습니까? 내가 상대방보다 우월하다는 마음을 품을 수밖에 없지 않겠습니까? 그런 마음이라면 상대방에게 소망을 품을 수 있을까요? 그런 섬김은 위선입니다. "자신이 모든 사람보다 못하다는 것을 깊이 깨닫지 못한다면, 성화의 길에서 한 걸음이라도 나아간 것이라고 생각지 말라"(토마스 아 켐피스).

그렇다면 그리스도인 공동체에서 형제 섬김은 어떻게 실천될 수 있을까요? 요즘 그리스도인들은 이웃을 섬기는 유일한 방법은 하나님 말씀을 전하는 것이라고 쉽게 답하곤 합니다. 물론 섬김에 있어서 그것에 견줄 만한 것이 없으며 더 나아가 어떤 사역이든 하나님 말씀으로 섬기는 일을 위함이라는 점에는 이견의 여지가 없습니다. 하지만 기독교 공동체에는 말씀 전하는 이들만 있는 것이 아닙니다. 다른 요소를 보지 못하고 넘어가면 참담한 오류에 빠질 수 있습니다.

공동체에서 첫 번째 섬김은 다른 사람의 이야기에 귀를 기울이는 일입니다. 하나님을 향한 사랑이 그분의 말씀에 귀 기울이는 데서 시작되듯, 형제에 대한 사랑도 그의 말을 경청하는 법을 배우는 데서 출발합니다. 하나님은 우리에게 말씀을 주시는 데 그치지 않고 그분의 귀도 내어 주시는데, 이것은 우리를 향한 하나님의 사랑입니다. 그러므로 우리가 형제의 말에 경청하는 법을 배운다면, 그에게 하나님의 일을 행하는 것입니다. 그리스도인들, 특히 설교자들은 다른 이들과 함께 있을 때 늘 무언가를 말해 주어야 하며 그것만이 자신이 반드시 베풀어야 할 유일한 섬김이라고 생각하기 쉽습니다. 그들은 말하는 것보다 잘 듣는 편이 더 큰 섬김이 될 수 있음을 잊어버립니다.

많은 사람이 자신의 이야기를 경청해 줄 귀를 찾지만, 그리스도인들 사이에서도 좀처럼 찾기 힘듭니다. 귀 기울여 들어야 할 때도 자기 말부터 꺼내기 때문입니다. 하지만 형제의 말을 경청할 수 없는 사람은 하나님 말씀도 더는 신경 써서 듣지 않을 것입니다. 하나님의 임재 앞에서도 자기 말만 할 뿐입니다. 이는 영적 생명이 죽어 가는 시작점이며, 결국 경건한 말로 치장해서

질식시키는 영적 잡담과 목회자의 거드름만 남을 따름입니다. 끈기 있게 귀 기울이지 못하는 사람은 상대방에게 가닿지 못하는 말만 하게 되고 결국 자신이 그러고 있다는 사실조차 의식하지 못하게 됩니다. 자기 시간이 너무 소중하고 아까워서 상대의 말을 듣는 데 쓸 수 없다고 생각하는 사람은 하나님과 형제에게 시간을 낼 수 없고 오직 자기 자신을 위해서만, 자신의 말과 계획에만 시간을 쏟을 뿐입니다.

형제를 돌보는 목회에는 말씀을 전하는 임무에 더하여 경청의 의무가 있다는 점에서 설교 사역과 본질적 차이가 있습니다. 그런데 귀를 반만 열고 듣는 경우가 있습니다. 상대가 하려는 말을 이미 알고 있다고 어림짐작하며 듣는 것입니다. 그것은 성마르고 부주의한 경청이며 형제를 얕보는 것입니다. 자기 할 말만 얼른 내뱉고 상대에게서 벗어날 기회만 엿보는 자세입니다. 이것은 의무를 다하는 것이 아닙니다. 형제를 대하는 태도에 하나님과의 관계가 그대로 드러난다는 점은 명백합니다. 소소한 이야기를 털어놓는 상대에도 귀 기울이지 않는다면, 하나님이 우리에게 맡기신 경청이라는 엄청난 섬김, 즉 형제의 죄 고백을 들어 주는 섬김은 더 감당할 수 없다는 점은 두말할 필요가 없습니다.

이제는 진지하게 귀 기울여 주는 누군가가 곁에 있다는 것만으로도 충분히 도움이 된다는 사실을 세속적인 세상 사람들도 잘 알고 있으며, 이러한 통찰을 기반으로 독자적인 정신 치료 체계를 세워서 그리스도인들을 포함하여 수많은 사람을 끌어들이고 있습니다. 그런데 정작 그리스도인들은 위대한 경청자이신 하나님이 그들에게 귀 기울여 듣는 사역을 맡기셨으며 그분의 사역에 동참해야 한다는 사실을 잊어버렸습니다. 하나님의 말씀을 전하려면, 먼저 하나님의 귀로 들어야 합니다.

하찮아 보이는 일이라도
기쁨과 겸손함으로 돕기

기독교 공동체에서 서로를 위해 감당해야 할 두 번째 섬김은 적극적으로 돕는 것입니다. 이는 주로 소소한 외적 일을 소박하게 돕는다는 뜻입니다. 사람들이 어울려 함께 사는 곳에는 그런 일이 셀 수도 없이 많습니다. 이런 하찮은 일로 섬기기에는 자신이 너무 고귀하다고 생각해서는 안 됩니다. 이렇게 시시하고 외적인 일 돕는 것을 시간 낭비로 여기며 염려하는 까닭은 대개 자기 일을 지나치게 중요시하기 때문입니다.

우리는 하나님이 언제라도 우리 일을 막으실 수 있도록 그 자리를 기꺼이 내어 드려야 합니다. 하나님은 온갖 요구를 하고 탄원하는 이들을 우리에게 보내어 매일같이, 아니 끊임없이 우리의 길과 계획을 가로막으실 것입니다. 강도를 당해 심하게 다친 이를 보고도 그냥 지나쳐 간 제사장처럼, 우리도 그날의 중요한 일을 하는 데 정신이 팔려서 그런 사람들을 무심코 지나갈 수 있습니다(어쩌면 성경을 읽으면서 말입니다). 그것은 우리 앞길을 막고 '우리의 길이 아니라 하나님의 길이 중요하다'는 사실을 보여 주는 십자가의 표징을 그냥 지나치는 것입니다.

그리스도인들, 특히 신학자들이 자기 일을 너무 중요하고 급하게 생각해서 어떤 것에도 방해받기 싫어한다는 것은 정말 희한한 일입니다. 다들 그것이 하나님을 섬기는 길인 줄 알지만 실제로는 하나님의 '굽은 듯 곧은 길'(고트프리트 아르놀트[Gottfried Arnold])을 무시하는 행태입니다. 이들은 자신의 삶이 방해받거나 가로막히기를 원하지 않습니다. 하지만 섬겨야 할 일이 있을 때 서슴없이 손을 내밀며, 시간을 자기 뜻대로 관리하지 않고 하나님께서 채우시도록 맡겨 드리는 것은 겸손 훈련에 포함됩니다.

수도원에서 수도원장에게 복종하겠다는 서약을 한 수도사는 자기 시간을 알아서 쓸 권리를 내놓습니다. 복음주의 공동체 생활에서는 형제를 향한 무한 섬김이 그 서약을 대신합니다. 하루하루 삶에서 사랑과 자비의 사역을 하기에는 자신의 두 손이 너무 귀하다는 생각을 버릴 때, 비로소 하나님의 사랑과 자비를 담은 메시지를 기쁘고 설득력 있게 선포할 수 있습니다.

다른 사람의 자유를 짊어지다

셋째로, 다른 사람을 짊어지는 섬김을 이야기하려고 합니다. "너희가 짐을 서로 지라 그리하여 그리스도의 법을 성취하라"(갈 6:2). 그러므로 그리스도의 법은 곧 짊어짐의 법입니다. 짊어진다는 말은 참고 견디는 것입니다. 그리스도인에게 형제는 짐입니다. 그리스도인에게 특히 그렇습니다. 그리스도를 모르는 이들에게는 다른 사람이 결코 짐이 되지 않습니다. 그들은 다른 사람이 떠안길지 모르는 짐을 그저 피할 따름입니다.

하지만 그리스도인은 반드시 형제의 짐을 져야 합니다. 형제를 참고 견뎌야 합니다. 다른 사람이 오직 짐이 될 때에만, 그는 진정한 형제가 되고 지배당하는 대상이 되지 않습니다. 인간이라는 짐은 하나님께도 너무 무거워서 예수님은 십자가를 견뎌야 했습니다. 하나님은 예수 그리스도의 몸을 통해 참으로 인간을 참고 견디셨습니다. 엄마가 아기를 품듯, 목자가 잃어버린 양을 찾아 끌어안듯 하나님은 인간을 짊어지셨습니다. 하나님이 인간을 받아 주셨지만 인간은 하나님을 바닥에 내던져 버렸습니다. 그러나 하나님은 사람 곁에 머무셨고 사람도 하나님과 함께하게 되었습니다. 하나님은 인간을 참고 견디심으로 그들과의 교제를 이어 가셨습니다. 이것이 십자가에서 성취된 그리스도의 법입니다. 그리스도인은 이 법에 참여해야 합니다. 우리는 형제를 짊어져야 하지만 그보다 더 중요한 것은 이제는 이미 성취된 그리스도의 법 아래서 형제를 짊어질 수 있게 됐다는 점입니다.

성경은 '짊어진다'는 말을 놀라울 정도로 자주 사용합니다. 예수 그리스도의 사역 전체를 이 한마디로 표현할 수 있습니다. "그는 실로 우리의 질고를 지고 우리의 슬픔을 당하였거늘 … 그가 징계를 받으므로 우리는 평화를 누리고"(사 53:4-5). 그렇기에 성경은 십자가를 진다는 말로 그리스도인의 삶 전체를 정리합니다. 여기서 실현되는 것이 그리스도의 몸 된 공동체입니다. 이는 한 사람이 다른 누군가의 짐을 져 보아야만 하는 십자가 공동체입니다. 그런 일을 겪어 보지 못했다면, 그가 속한 공동체는 기독교 공동체가 아닙니다. 짐 지기를 거부한다면, 곧 그리스도의 법을 부인하는 것입니다.

앞에서 말한 바와 같이, 그리스도인에게 짐이 되는 것은 타인의 자유입니다. 타인의 자유는 그리스도인의 자기중심적 태도와 충돌하지만, 그리스도인은 타인의 자유를 인정해야 합니다. 그리스도인은 이 짐을 벗어 버릴 수도 있는데, 곧 타인의 자유를 거부하고 강압하며, 자신의 이미지를 그에게 덧씌우려 드는 것입니다. 그러나 하나님이 그 사람 안에서 그분의 형상을 빚으시도록 내드리는 사람은 그 사람에게 자유를 선사하는 동시에 그가 누리는 자유에 따르는 부담을 스스로 짊어집니다. 타인의 자유는 흔히 인간의 본성, 개인의 특성, 태생적 재능이라고 부르는 온갖 요소를 포함합니다. 내 인내의 한계를 시험하는 약점과 기이한 버릇, 타인과 나 사이의 불화와 갈등, 충돌을 빚는 갖가지 요소도 아우릅니다. 타인의 짐을 진다는 말은 하나님의 손으로 빚어진 그의 실재를 온전히 받아들이고 긍정하며 그 고통을 끝까지 견디어 내고 그를 기뻐하는 데 이르기까지 뚫고 나아간다는 의미입니다.

믿음의 분량이 다른 지체들이 한 공동체로 묶여 있을 때 이는 더 까다로운 문제가 됩니다. 믿음이 약한 자는 믿음이 강한 자를 판단해서는 안 되고, 강한 자는 약한 자를 업신여기지 말아야 합니다. 약한 자는 교만을 경계하고, 강한 자는 무관심을 조심해야 합니다. 누구도 자기 권리를 주장해서는 안 됩니다. 강한 자가 넘어졌을 때, 약한 자는 그의 실족을 기뻐하지 않도록 마음을 단속해야 합니다. 약한 자가 주저앉으면, 강한 자는 더없이 온유한 마음으로 다가가 그를 다시 일으켜 세워야 합니다. 상대를 참아 주는 인내가 양쪽 모두에게 필요합니다. "홀로 있어 넘어지고 붙들어 일으킬 자가 없는 자에게는 화가 있으리라"(전 4:10). "서로 용납하여"(골 3:13)라는 말씀의 의도가 타인의 자유를 인정하는 가운데 서로를 감당해야 한다는 뜻임은 명백합니다. "모든 겸손과 온유로 하고 오래 참음으로 사랑 가운데서 서로 용납하고"(엡 4:2).

다른 사람의 죄를
짊어지다

형제의 자유와 더불어, 그 자유가 죄 가운데서 남용될 때 그리스도인에게 형제는 더 큰 짐이 됩니다. 형제의 죄는 그의 자유보다 짊어지기가 더 힘듭니다. 죄 가운데에서는 하나님과의 사귐뿐 아니라 형제와의 교제도 끊어지기 때문입니다. 여기서 그리스도인은 예수 그리스도 안에서 이루어진 형제와의 교제가 끊어지는 아픔을 겪습니다. 하지만 이번에도 하나님의 큰 은혜가 온전히 드러나는 때는 형제의 죄를 짊어질 때뿐입니다. 죄인을 멸시하지 않으며 도리어 짊어지는 수고를 감당한다는 것은 그를 잃어버린 존재로 여겨 포기하지 않고 용납하는 것이며 용서를 통해 그와의 사귐을 유지할 수 있다는 뜻입니다. "형제들아 사람이 만일 무슨 범죄한 일이 드러나거든 신령한 너희는 온유한 심령으로 그러한 자를 바로잡고"(갈 6:1). 그리스도가 죄인인 우리를 짊어지고 받아 주셨던 것처럼, 우리 역시 주님과의 사귐 안에서 용서를 통해 죄인들을 끌어안고 예수 그리스도의 공동체 속으로 받아들여야 합니다.

우리는 형제의 죄를 감당할 수 있으며, 그를 비난할 필요가 없습니다. 그리스도인에게 이것은 은혜입니다. 공동체 안에 죄로 인해 문제가 생겼다면, 자신이 성실하게 기도하고 중보하지 못해서, 형제로서의 섬김이나 권면과 위로가 부족해서, 자신의 개인적인 죄와 영적인 나태로 인해서 공동체와 형제들에게 상처를 입힌 것이 아닌지 자신을 돌아보며 책망할 수밖에 없지 않을까요? 어떤 형제가 무슨 죄를 짓든 공동체에 짐이 되고 그 책임은 공동체 전체로 돌아가므로, 형제의 죄로 인한 부담과 고통 한복판에 있으면서도 교회는 죄를 짊어지고 그를 용서할 특권을 가졌음을 기뻐합니다. "보라, 당신이 그들 모두를 짊어지듯, 그들도 당신의 모든 것을 짊어진다. 나쁜 것이든 좋은 것이든 하나같이 공동의 몫이다"(마르틴 루터).

용서의 섬김은 날마다 서로에게 베푸는 것입니다. 굳이 말하지 않아도, 서로 중보하는 가운데 용서는 자연스럽게 이뤄집니다. 지치지 않고 이런 섬김을 지속하는 공동체의 지체들은 자신이 다른 형제들에게도 똑같은 섬김을 받고 있음을 저마다 확신할 수 있습니다. 기꺼이 타인을 짊어지는 이들은 다른 누군가가 자신 역시 짊어져 주고 있음을 알며, 오로지 그 힘으로 또 다른 이를 짊어질 수 있습니다.

이처럼 귀 기울여 듣고, 적극적으로 도우며, 다른 이를 짊어지는 사역이 착실하게 이뤄지는 곳에서 궁극적이고 가장 고상한 섬김, 즉 하나님 말씀으로 섬기는 사역도 이뤄집니다.

하나님의 위로와 훈계를 담대히 건네다

지금은 특정 직분, 시간, 장소에 얽매이는 목회자의 사역이 아니라 사람에서 사람으로 전달되는 자유로운 말씀 소통을 살펴보려 합니다. 한 사람이 다른 사람에게 인간의 말로 하나님의 온전한 위로와 훈계, 선하신 뜻과 엄위함을 증언하는 독특한 상황을 생각하는 것입니다. 하나님 말씀을 전할 때는 무수한 위험이 도사리고 있습니다. 진정한 경청이 선행되지 않는다면, 어떻게 상대방에게 참으로 적합한 말씀이 될 수 있겠습니까? 만약 실제적인 도움을 주지 못해서 그가 전하는 말씀과 모순된다면, 어떻게 신뢰를 주고 진정성을 갖춘 말씀이 될 수 있겠습니까? 다른 사람을 견디고 참아 주는 마음이 아니라 조급함과 억압하는 영에서 나온 말이라면 어떻게 자유롭게 하고 치유하는 말씀이 될 수 있겠습니까?

그와 반대로, 진심으로 경청하고, 섬기고, 타인을 짊어진 이들은 오히려 아무 말 하지 못할 가능성이 큽니다. 그저 말뿐인 모든 것을 깊이 불신하는 터라 형제에게 해 주고 싶은 말을 억누르기 일쑤입니다. 연약한 인간의 말이 다른 이에게 무슨 영향을 줄 수 있겠습니까? 공허한 말을 더 보태야 하겠습니까? 영적 매너리즘에 빠진 사람들처럼 타인의 실제적인 고통에 대해 말로만 때워야 하겠습니까? 하나님 말씀을 함부로 남용하는 것보다 더 위험한 일이 또 있을까요? 그러나 말해야 할 때 침묵한다면, 그 책임을 누가 지겠습니까? 침묵할 책임과 말해야 할 책임 사이에 있는 완전히 자유로운 발언에 비하면, 강단에서 잘 정리된 이야기를 하는 것은 얼마나 쉬운 일인지 모릅니다.

자신의 말에 책임져야 한다는 두려움에 상대에 대한 걱정

진심으로 경청하고, 섬기고,
타인을 짊어진 이들은 오히려
아무 말 하지 못할 가능성이 큽니다.
그저 말뿐인 모든 것을 깊이 불신하는 터라
형제에게 해 주고 싶은 말을 억누르기 일쑤입니다.

연약한 인간의 말이
다른 이에게 무슨 영향을 줄 수 있겠습니까?
공허한 말을 더 보태야 하겠습니까?

까지 더해집니다. 형제 앞에서라도 예수 그리스도의 이름을 입 밖에 내는 것이 얼마나 어려운 일입니까! 여기서도 옳고 그름이 뒤섞입니다. 누가 감히 이웃의 일에 간섭할 수 있습니까? 누가 이웃을 막아 세우고 그에게 근본적인 문제를 이야기할 권리를 가졌습니까? 이 대목에서 누구나 그럴 권리가 있고 심지어 그것이 의무라고 쉽게 말한다면, 그것은 기독교적 통찰력을 가지지 못했다는 표지일 것입니다. 강요하고 억압하는 영이 교활하게 다시 모습을 드러낼 가능성이 높은 지점이 바로 여기입니다.

사실, 누구나 독단적인 간섭을 당할 때 자신을 방어할 권리와 책임, 더 나아가 책무가 있습니다. 누구나 자신만의 비밀이 있는데, 그것은 큰 상처를 입지 않고서는 건드려질 수 없고, 드러내는 순간 자신이 파멸될 수밖에 없는 비밀입니다. 지식이나 감정의 비밀이 아니라 자유, 구원, 존재가 얽힌 비밀입니다. 그런데 이 정당한 판단은 가인의 치명적인 질문에 위태로울 만큼 가깝습니다. "내가 내 아우를 지키는 자니이까?" 언뜻 타인의 자유를 존중하는 듯 보이는 태도가 하나님의 저주를 부를 수 있습니다. "내가 그의 피 값을 네 손에서 찾을 것이고"(겔 3:18).

그리스도인들이 함께 사는 곳이라면, 언젠가 그리고 어떤 방식으로든 한 사람이 다른 사람에게 하나님 말씀과 그분의 뜻을 선포해야 할 일이 반드시 생기게 마련입니다. 각자에게 가장 중요한 일을 서로 이야기하지 않고 산다는 것은 상상도 할 수 없는 일입니다. 다른 이를 섬길 결정적인 기회를 의도적으로 거부하는 것은 그리스도인답지 못합니다. 만약 말씀을 제대로 전할 수 없다면, 스스로를 점검해 보아야 합니다. 우리가 여전히 형제를 손댈 수 없는 인간 존엄을 가진 존재로만 보는 것은 아닌지, 그 존엄을 감히 건드릴 수 없어서 정작 가장 중요한 사실은 잊고 있는 것이 아닌지 말입니다. 그가 아무리 나이가 많고, 지위가 높고, 대단한 인물이라 해도 우리와 똑같은 인간이자 하나님의 은혜가 절실한 죄인일 뿐이라는 사실을 잊은 것은 아닌지 스스로 물어야 합니다. 그 사람도 여느 사람처럼 큰 어려움을 겪고 있으며, 우리와 마찬가지로 도움과 격려, 용서가 필요한 존재입니다.

그리스도인들이 서로에게 무언가 이야기해 줄 수 있는 근거는 상대가 인간 존엄성을 온전히 가졌으나 도움을 받지 못하면 버림받고 길을 잃을 수밖에 없는 죄인임을 인식하는 데 있습니다. 이는 상대를 멸시하거나 모욕하는 것이 아닙니다. 오히려, 인간이 가진 유일하고 실질적인 존엄, 곧 죄인임에도 불구하고 하나님의 은혜와 영광을 소유했으며 하나님의 자녀라는 사실을 인정해 주는 것입니다. 이러한 인식은 형제간의 대화에 반드시 필요한 자유와 진솔함을 제공합니다. 우리는 서로에게 긴요한 그 '도움'에 관해 서로 이야기를 나눕니다. 그리스도가 가라고 명하신 길을 가도록 서로 권면합니다. 파멸로 이어지는 불순종에 대해 서로 경고합니다. 서로에게 때로는 부드럽고 때로는 엄합니다. 하나님의 자비와 엄위하심을 다 잘 알기 때문입니다. 두려워할 대상은 하나님뿐임을 둘 다 아는데, 상대를 두려워할 까닭이 무엇이겠습니까? 누군가가 어설픈 말로 하나님의 위로나 훈계를 전했어도 그것이 무슨 뜻인지 잘 알아듣는데, 어째서 형제가 우리 이야기를 제대로 이해하지 못하리라 생각합니까? 아니면, 세상에 격려나 훈계가 전혀 필요 없는 사람이 하나라도 있으리라 믿는 것입니까? 그렇다면 하나님이 왜 그리스도인들에게 굳이 공동체를 주셨겠습니까?

다른 이가 우리에게 하나님 말씀을 전할 때 마음을 열고, 엄한 꾸지람이나 훈계라 할지라도 감사하는 마음으로 겸손하게 받아들이는 법을 배울수록, 우리도 자신의 말을 더 자유롭고 객관적으로 전하게 됩니다. 예민하고 허영심이 가득하여 형제의 진실한 나무람에 퇴짜를 놓는 이는 다른 이들에게 겸손한 마음으로 진실을 말하지 못합니다. 상대가 손사래를 치거나 권리를 침해당했다고 여길까 두려워하고 그 때문에 자신도 다시 상처를 받기 때문입니다. 이렇게 예민한 사람은 아첨꾼이 되고 결국에는 형제를 경멸하고 비방하기에 이를 것입니다. 하지만 겸손한 사람은 진리와 사랑을 고수합니다. 하나님 말씀을 단단히 붙잡고 말씀을 좇아 형제에게 다가갑니다. 아무것도 사사로이 구하지 않고 두려워하지 않기에 말씀을 통해 형제를 도울 수 있습니다.

꾸짖음을 피할 수는 없습니다. 형제가 명백한 죄를 지었다면 하나님 말씀은 우리에게 그를 책망하라고 요구합니다. 교회의 권징 실행은 가장 가까운 관계에서부터 시작됩니다. 하나님 말씀에서 벗어난 교리와 삶이 가정 공동체를 넘어 온 회중을 위태롭게 할 때는 부담을 무릅쓰고 권면하고 꾸짖는 메시지를 전해야 합니다. 타인을 그의 죄 가운데 내버려 두는 너그러움보다 더 잔인한 것은 없습니다. 형제를 죄의 길에서 돌이키게 하는 엄한 꾸지람보다 더 자비로운 것은 없습니다. 우리 사이에 오직 하나님 말씀만 두고 그 말씀으로 서로를 판단하고 돕는 것, 그것은 자비의 사역이자 진정한 공동체가 제공할 수 있는 궁극적 혜택입니다. 판단의 주체는 우리가 아닙니다. 오직 하나님이 판단하시며, 그분의 심판은 유익하며 상처를 치유합니다.

우리는 마지막 순간까지 오직 형제를 섬길 뿐이며, 형제보다 높은 위치에 설 수는 없습니다. 심지어 형제에게 심판하고 경계를 긋는 하나님 말씀을 전해야 하는 순간에도, 더 나아가 주님께 순종하기 위해 형제를 공동체에서 끊어 낼 수밖에 없는 순간에도, 우리는 그를 섬기고 있는 것입니다. 우리가 상대에게 이토록 성의를 다하는 것은, 인간적 사랑이 아니라 오직 심판으로만 전달되는 하나님의 사랑으로 하는 것임을 알아야 합니다. 하나님의 말씀은 심판함으로써 인간에게 유익을 줍니다. 심판하시는 하나님의 역사를 받아들이는 이는 도움을 얻습니다. 인간이 형제를 위해 해 줄 수 있는 행동의 한계가 바로 여기까지임이 명확해집니다. "아무도 자기의 형제를 구원하지 못하며 그를 위한 속전을 하나님께 바치지도 못할 것은 그들의 생명을 속량하는 값이 너무 엄청나서 영원히 마련하지 못할 것임이니라"(시 49:7-8). 자신의 인간적 능력을 내려놓는 것이야말로, 오직 하나님 말씀만이 줄 수 있는 대속적 도움을 형제에게 전하는 필수 조건이자 근거가 됩니다.

형제가 가는 길을 우리가 어찌할 수는 없습니다. 부서지려는 것을 묶어 둘 수 없으며 죽으려는 것을 살려 낼 수 없습니다. 그러나 하나님은 부서지는 것을 묶으시고, 분열 속에서 사귐을 빚으시며, 심판을 통해 은혜를 베푸십니다. 주님은 그분의 말씀을 우리 입에 두셨습니다. 우리를 통해 그 말씀이 선포되기를 원하십니다. 우리가 그분의 말씀을 가로막는다면, 죄를 짓고 있는 형제의 피를 우리에게 돌리실 것입니다. 그러나 주님의 말씀을 전하면, 하나님은 우리를 통해 형제를 구하십니다. "죄인을 미혹

된 길에서 돌아서게 하는 자가 그의 영혼을 사망에서 구원할 것이며 허다한 죄를 덮을 것임이라"(약 5:20).

진정한 영적 권위를 가진 겸손한 종

"너희 중에 누구든지 크고자 하는 자는 너희를 섬기는 자가 되고"(막 10:43). 예수님은 공동체 내부의 권위를 형제 섬김 아래에 두셨습니다. 진정한 영적 권위는 형제의 말을 경청하고, 형제를 도와주고, 그의 짐을 짊어지고, 말씀을 선포하는 사역이 이뤄질 때만 드러납니다. 누군가의 걸출한 자질이나 덕성이나 재능을 강조하는 개인숭배는 영적인 속성을 가졌더라도 세속적이며 기독교 공동체에 발붙일 자리가 없습니다. 실제로는 공동체에 해를 끼칠 뿐입니다. 오늘날 흔히 듣는 '주교 같은 인물', '성직자 같은 사람', '권위 있는 존재'가 되고자 하는 욕구는 십중팔구 인간을 칭송하고 눈에 보이는 인간의 권위를 세우려는 영적 질병에서 비롯됩니다. 진정한 섬김으로 얻는 권위는 그다지 매력적이지 않기 때문입니다.

신약 성경은 감독의 자격을 설명하면서(딤전 3:1 이하) 위와 같은 욕망을 더없이 날카롭게 반박합니다. 세상적인 매력이나 빛나는 영적 자질을 높이 평가하는 대목은 어디서도 찾을 수 없습니다. 감독은 소박하고 신실한 사람으로, 신앙과 삶이 건실하며, 교회에 대한 책임을 올바로 수행하는 인물입니다. 권위는 사역을 감당할 때 나옵니다. 사람 자체로는 칭송할 만한 것이 전혀 없습니다.

궁극적으로, 거짓 권위를 향한 이런 동경의 뿌리에는 일종의 직접성, 즉 곧바로 인간에게 기대는 체계를 교회 안에 다시 세우려는 욕망이 자리 잡고 있습니다. 진정한 권위는 모든 직접성이 권위 문제에서 특히 해롭다는 것을 알고 있습니다. 홀로 권위를 가지신 하나님을 섬기는 봉사 안에서만 권위가 존재할 수 있음도 알고 있습니다. 진정한 권위는 "너희 선생은 하나요 너희는 다 형제니라"(마 23:8) 하신 예수님 말씀에 더없이 엄밀히 규정되어 있음을 알고 있습니다. 교회에는 찬란하게 빛나는 인물이 아니라 예수님과 형제들을 신실하게 섬기는 종이 필요합니다. 뛰어난 인물은 교회에 부족하지 않으나 신실한 종은 부족합니다. 교회는 예수 그리스도의 말씀을 좇는 겸손한 종에게 신뢰를 보냅니다. 교회는 인간의 지혜와 자부심이 아니라 선한 목자의 말씀으로 인도받아야 한다는 사실을 잘 알기 때문입니다.

권위의 문제와 아주 밀접한 관계인 영적인 신뢰의 문제는

누군가의 탁월한 재능이 아니라 예수 그리스도를 섬기는 신실
함에 좌우됩니다. 자신의 권위를 추구하지 않는 예수님의 종만
이 목회자의 권위를 얻습니다. 예수님 역시 친히 말씀의 권위에
순종하시며 여러 형제들 가운데 한 명이 되셨기 때문입니다.

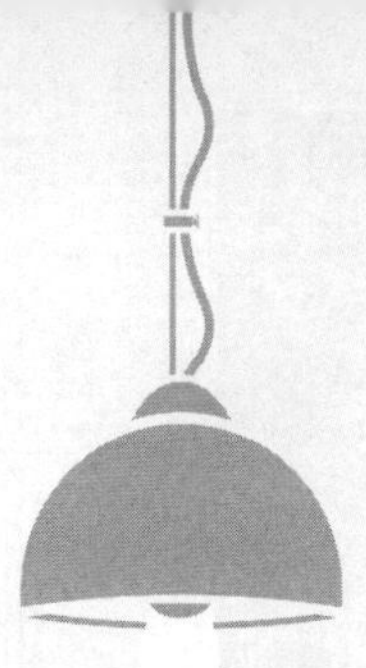

진정한 영적 권위는

형제의 말을 경청하고, 형제를 도와주고, 그의 짐을 짊어지고,

말씀을 선포하는 사역이 이뤄질 때만 드러납니다.

누군가의 걸출한 자질이나 덕성이나

재능을 강조하는 개인숭배는

영적인 속성을 가졌더라도 세속적이며

기독교 공동체에 발붙일 자리가 없습니다.

Gemeinsames
Leben

5
죄 고백과 성만찬

지독한 위선을 버리고
용서와 구원을 누리다

"너희 죄를 서로 고백하며"(약 5:16). 자신의 죄를 품고 홀로 있는 이는 완전히 혼자입니다. 공동 예배와 공동 기도, 섬김을 통해 나누는 온갖 교제에도 불구하고 여전히 혼자일 수 있습니다. 성도의 교제로 이어지는 마지막 돌파구가 닫혀 있습니다. 신자요 경건한 사람으로서만 다른 이들과 교제할 뿐 경건치 못한 죄인으로는 교제하지 않기 때문입니다. 경건한 체하는 공동체는 그 누구도 죄인이 되는 것을 용납하지 않습니다. 그래서 다들 자기 죄를 숨겨 자기 자신에게도 공동체에도 들키지 않으려 합니다. 감히 죄인이 되어서는 안 되는 것입니다. 의인들 틈에 진짜 죄인이 불쑥 나타나면 기함할 정도로 두려워하는 그리스도인들이 적잖습니다. 그래서 너나없이 자기 죄를 끌어안고 홀로 거짓과 위선 속에서 살아갑니다. 어쨌든 우리가 죄인이라는 것은 엄연한 사실이기 때문입니다.

경건한 체하는 이들이라면 좀처럼 이해하기 어려운 복음의 은혜가 있습니다. 복음은 우리로 하여금 진리를 대면하게 만든 뒤 이렇게 말합니다. "당신은 죄인입니다. 구제불능의 엄청난 죄인입니다. 이제 당신을 사랑하시는 하나님 앞에 죄인이라는 본연의 모습으로 나아오십시오." 하나님은 당신의 모습 그대로를 원하십니다. 당신에게 어떤 희생이나 공로를 바라지 않으십니다. 오직 당신만을 원하십니다.

"내 아들아 네 마음을 내게 주며"(잠 23:26). 하나님은 죄인을 구원하시기 위해 찾아오셨습니다. 기뻐하십시오! 진리로 자유로워진다는 것이 그 메시지입니다. 하나님께는 아무것도 숨길 수 없습니다. 사람들 앞에서 쓰는 가면은 하나님 앞에서 아무 소용이 없습니다. 하나님은 여러분의 모습을 있는 그대로 보고 싶어 하십니다. 하나님은 여러분에게 은혜를 베풀고 싶어 하십니다. 그러므로 죄가 없는 것처럼 자기 자신이나 형제들에게 계속 거짓말할 필요가 없습니다. 죄인이어도 괜찮습니다. 그 사실에 대해 하나님께 감사하십시오. 하나님은 죄는 미워하시지만 죄인은 사랑하시기 때문입니다.

그리스도는 육신을 입고 우리의 형제가 되셨습니다. 우리가 그분을 믿게 하시려는 뜻이었습니다. 그리스도 안에서 하나님의 사랑이 죄인에게 미쳤습니다. 그분을 통해서 사람들은 자신이 죄인임을 인정할 수 있었고 오직 그렇게 할 때 도움을 받을 수 있었습니다. 그리스도의 임재 앞에서 모든 가식은 끝났습니다. 죄인의 비참함과 하나님의 자비, 이것이 예수 그리스도 안에 있는 복음의 진리였습니다. 그분의 교회가 살아가야 할 자리는 바로 이 진리 한가운데였습니다. 그래서 주님은 죄 고백을 듣고 그분의 이름으로 용서할 권위를 제자들에게 주셨습니다. "너희가 누구의 죄든지 사하면 사하여질 것이요 누구의 죄든지 그대로 두면 그대로 있으리라"(요 20:23).

그리스도는 그렇게 교회를 세우셨고, 그 안에서 형제가 우리에게 은혜가 되게 하셨습니다. 이제 형제가 그리스도를 대신해 서 있습니다. 형제 앞에서 나는 더 이상 시치미 뗄 필요가 없습니다. 온 세상을 통틀어 형제 앞에서만 과감하게 내 죄인 된 본색을 드러낼 수 있습니다. 여기서는 예수 그리스도의 진리와 자비가 다스리기 때문입니다. 그리스도는 우리를 도우시려 친히 형제가 되셨습니다. 형제는 주님을 통해 그분께 위임받은 권능과 권위 안에서 우리에게 '그리스도'가 되었습니다. 형제는 하나님의 진리와 은혜의 상징으로 우리 앞에 서 있습니다. 주님은 우리를 돕기 위해 형제를 주셨습니다. 형제는 그리스도를 대신하여 우리의 고백을 듣고 그리스도의 이름으로 우리 죄를 용서

합니다. 하나님이 그리하시듯, 형제는 우리가 고백한 죄를 비밀에 부칩니다. 형제에게 죄를 고백하러 갈 때, 나는 하나님께 가고 있는 것입니다.

그러므로 기독교 공동체 안에서 형제간에 죄를 고백하고 용서하라는 요청이 있다면, 그것은 곧 교회에 깃든 하나님의 크나큰 은혜 앞으로 나아오라는 초대이기도 합니다.

참다운 공동체 사귐으로 가는 길

죄를 고백할 때 공동체로 가는 돌파구가 열립니다. 죄는 그 사람과 단 둘만 있기를 원합니다. 죄는 공동체 교제에서 발을 빼게 만듭니다. 외로워질수록 죄의 힘은 더 파괴적으로 변하고, 죄에 더 깊이 말려들수록 외로움은 더욱더 처절해집니다. 죄는 드러나지 않으려 합니다. 빛을 피합니다. 입 밖에 내지 않은 것들이 빚어내는 어둠 속에서 죄는 인간 존재 전체를 해칩니다. 신앙 공동체 안에서도 이런 일이 벌어질 수 있습니다. 그러나 죄를 고백하면 복음의 빛이 어둡고 고립된 마음속으로 파고듭니다. 죄는 빛 가운데로 끌어내야 합니다. 드러내지 않은 채 품고만 있던 것을 공개적으로 말하고 인정해야 합니다. 은밀하게 숨겨져 있던 모든 것이 다 밝혀집니다. 죄를 공개적으로 인정하기까지 힘겨운 싸움이 이어집니다. 하지만 하나님은 놋 문을 깨뜨리시며 쇠 빗장을 꺾으십니다(시 107:16).

형제들 앞에서 죄를 고백할 때 자기 정당화의 마지막 보루가 무너집니다. 죄인은 항복하고 모든 악을 버리고 마음을 하나님께 드립니다. 그는 예수 그리스도와 교제하고 형제와 사귀는 가운데 죄를 용서받았음을 알게 됩니다. 죄를 고백하고 인정하고 나면 그 죄는 힘을 완전히 잃고 맙니다. 그 죄는 겉으로 드러나고 심판을 받았습니다. 더는 공동체를 조각조각 찢어 놓을 수 없습니다. 이제 공동체가 그의 죄를 짊어집니다. 그는 더 이상 죄와 홀로 남겨지지 않습니다. 고백함으로써 죄를 벗어 하나님께 넘겨 드렸기 때문입니다. 죄는 제거되었습니다. 지금은 예수 그리스도의 십자가 안에 있는 하나님의 은혜로 사는 죄인들의 공동체 속에 있습니다. 여전히 죄인일지 모르지만, 이제는 하나님의 은혜를 만끽할 수 있습니다. 죄를 고백할 수 있고 바로 그 행위를 거쳐 처음으로 사귐을 맛보게 됩니다. 숨겨 둔 죄는 그를 사귐에서 분리시켰으며 겉으로 보이는 모든 교제를 가짜로 만들었습니다. 하지만 죄를 고백함으로써 예수 그리스도 안에서 참다운 사귐을 찾은 것입니다.

여기서 말하는 죄 고백은 오직 두 명의 그리스도인 사이에서만 적용됩니다. 온 성도들과의 사귐을 회복하기 위해 반드시 공동체 구성원들이 다 모인 자리에서 죄를 고백해야 하는 것은 아닙니다. 내가 고백한 죄를 듣고 용서해 준 그 형제를 통해 나는 이미 온 공동체를 대하고 있기 때문입니다. 그 형제와 맺은 사귐을 통해 이미 온 회중과 교제하고 있는 것입니다. 여기서는 누구도 자기 이름이나 자기 권위로 움직이는 것이 아니라 예수 그리스도의 이름으로 맡겨진 권위를 가지고 행동할 뿐입니다. 이런 위임은 온 회중에게 주어졌고 각 사람은 회중을 위해 맡은 일을 감당하도록 부름받았습니다. 형제에게 죄를 고백하는 공동체 안에 있는 한, 그리스도인은 혼자가 아닙니다.

예수님의 십자가에 참여하는 길

죄를 고백할 때, 십자가로 가는 돌파구가 열립니다. 죄의 뿌리는 교만, 즉 '위에 있으려는 마음'(superbia)입니다. 나는 나 자신을 위해 존재하고 싶습니다. 나 자신에 대한 권리, 내 증오와 욕망에 대한 권리, 내 삶과 죽음에 대한 권리를 가졌다고 믿습니다. 마음과 육신이 교만으로 불타오릅니다. 하나님처럼 되고 싶은 사악한 인간 속성의 핵심이 바로 교만이기 때문입니다. 형제 앞에서 죄를 고백하는 것은 가장 뼈아픈 굴욕입니다. 죄 고백은 내게 상처를 입히고, 내 콧대를 꺾고, 내 교만에 치명타를 안깁니다. 형제의 면전에 죄인으로 서는 것은 견디기 어려운 치욕입니다. 구체적인 죄를 고백하면서 옛사람은 형제의 눈앞에서 고통스럽고 수치스러운 죽음을 맞습니다. 이 수치스러운 낮아짐이 너무 힘들기에 우리는 형제에게 죄를 고백하지 않을 방법을 끊임없이 궁리합니다. 시야가 너무 좁아진 탓에 이러한 낮아짐에 담긴 약속과 영광을 보지 못하기 때문입니다.

우리를 대신해서 죄인처럼 수치스럽게 공개 처형을 당하신 분이 바로 예수 그리스도입니다. 예수님은 마치 악인처럼 십자가에 못 박히는 것을 부끄러워하지 않으셨습니다. 죄를 고백하는 과정에서 경험하게 될 굴욕적 죽음으로 우리를 이끌어 들이고 진실로 그분의 십자가에 참여하게 만드는 것은 다름 아닌 예수 그리스도와의 교제입니다. 예수 그리스도의 십자가가 모든 교만을 소멸시킵니다. 공식적인 죽음이 집행되는 자리에 가기를 꺼리는 죄인은 예수님의 십자가를 찾을 수 없습니다. 죄 고백을 통해서 수치스러운 죽음을 받아들이기를 부끄러워하는 죄인은 십자가 지기를 거부하는 셈입니다.

죄를 고백할 때 예수 그리스도의 십자가에서 참다운 교제에 이릅니다. 우리는 죄 고백을 통해서 자신의 십자가를 확인하고 받아들입니다. 형제들 앞에서, 즉 하나님 앞에서 수치를 당하는 깊은 정신적·신체적 고통 가운데서 예수님의 십자가가 우리의 구원이자 복이 됨을 경험합니다. 옛사람은 죽지만 하나님은 그 옛사람을 이기셨습니다. 이제 우리는 그리스도의 부활과 영원한 생명에 참여합니다.

새로운 삶으로 가는 길

죄를 고백할 때 새로운 삶으로 가는 돌파구가 열립니다. 죄를 미워하고 인정하고 용서하는 현장에서 과거와 단절됩니다. "이전 것은 지나갔으니." 죄와 단절된 곳에 회심이 있습니다. 죄 고백은 회심입니다. "보라 새 것이 되었도다"(고후 5:17). 그리스도가 우리와 함께 새로 시작해 주십니다.

예수님의 부르심을 받은 첫 제자들이 모든 것을 버리고 예수님을 따랐듯, 그리스도인은 죄 고백을 통해 모든 것을 버리고 그분을 따라나섭니다. 죄 고백이 곧 제자의 길입니다. 예수 그리

죄를 고백할 때
예수 그리스도의 십자가에서 참다운 교제에 이릅니다.
우리는 죄 고백을 통해서
자신의 십자가를 확인하고 받아들입니다.

형제들 앞에서, 즉 하나님 앞에서 수치를 당하는
깊은 정신적 · 신체적 고통 가운데서
우리는 예수님의 십자가가
우리의 구원이자 복이 됨을 경험합니다.

스도와 함께하는 삶, 그분의 공동체와 더불어 사는 삶이 시작되었습니다. "자기의 죄를 숨기는 자는 형통하지 못하나 죄를 자복하고 버리는 자는 불쌍히 여김을 받으리라"(잠 28:13). 죄 고백을 통해 그리스도인은 죄를 버리기 시작합니다. 죄의 지배는 끝났습니다. 이제부터 그리스도인은 승리를 거듭합니다.

세례 시의 경험을 죄를 고백하는 순간 새로 경험합니다. 어둠에서 벗어나 예수 그리스도의 나라로 들어갑니다. 이것은 기쁜 소식입니다. 죄 고백은 세례의 기쁨을 회복하는 사건입니다. "저녁에는 울음이 깃들일지라도 아침에는 기쁨이 오리로다"(시 30:5).

용서받았음을 확신하는 길

죄 고백을 통해 우리는 확신에 이릅니다. 왜 우리는 형제보다 하나님께 죄를 고백하는 편이 쉬울 때가 많을까요? 하나님은 거룩하시며 죄가 없으십니다. 악을 공명정대하게 심판하시고 모든 불순종을 대적하십니다. 하지만 형제는 우리와 마찬가지로 죄를 짓고, 은밀한 죄가 불러오는 어두운 밤을 겪어 보아 알고 있습니다. 그렇다면 거룩하신 하나님께 가기보다 형제에게 가는 편이 훨씬 쉬워야 하지 않을까요? 만약 하나님께 가는 편이 쉽다면, 하나님께 죄를 고백한다고 하면서 사실은 자신을 속이는 것이 아닌지, 스스로 고백하고 스스로 사면하는 것은 아닌지 자문해 보아야 합니다. 수없이 되풀이해서 죄를 짓거나 그리스도인으로서 굳세게 순종하는 삶을 살지 못한다면 죄를 진정으로 용서받아서가 아니라 '자기 용서'에 의지해서 살아가기 때문은 아닐까요? 자기 용서는 결코 죄와의 단절로 이어질 수 없습니다. 오직 심판하고 용서하시는 하나님 말씀을 통해서만 죄를 끊을 수 있습니다.

죄를 고백하고 용서받을 때, 나 자신을 상대하는 것이 아니라 살아 계신 하나님을 마주하고 있다는 확신을 누가 줄 수 있습니까? 하나님은 형제를 통해 이 확신을 주십니다. 형제는 자기기만의 굴레를 깨트립니다. 형제 앞에서 죄를 고백하는 이는 자신이 더 이상 혼자가 아님을 압니다. 형제의 존재 안에서 하나님의 임재를 경험합니다. 내가 홀로 죄를 고백한다면 모든 것이 어둠 속에 그대로 있지만, 형제 앞에서는 죄가 빛 가운데 드러납니다. 죄는 결국 폭로되게 마련이므로 최후의 날 마지막 심판의 매서운 빛 속에서 밝혀지기보다 지금 나와 형제 사이에서 드러나는 편이 낫습니다. 형제에게 죄를 고백할 수 있다는 것은 고마운 일입니다. 이 은혜는 마지막 심판에 대한 두려움을 덜어 줍니다.

형제를 내게 허락하신 뜻은 그를 통해 지금 여기서 심판하시고 은혜를 베푸시는 하나님의 실재를 확신하라는 것입니다. 형제에게 죄를 고백할 때 자기기만에서 벗어날 수 있듯이, 용서받았다는 확신 역시 형제가 하나님의 이름으로 나를 대신해 선포할 때 비로소 온전히 확증됩니다. 하나님은 우리가 그분의 용서를 확신할 수 있도록 형제 사이의 죄 고백을 허락하셨습니다.

그러나 이런 확신을 얻으려면 죄를 고백할 때 구체적인 죄를 다뤄야 합니다. 두루뭉술하게 고백한다면 자신을 정당화하고 싶어서일 뿐입니다. 인간 본성의 철저한 파멸과 부패는 내가 저지른 구체적인 죄를 인식할 때 그 속에서 실감됩니다. 그러므로 십계명 전체를 토대로 자신을 되돌아보는 것이 죄를 고백하는 올바른 준비 자세일 것입니다. 그렇지 않으면 형제에게 죄를 고백할 때도 여전히 위선자일 수 있고 결국 죄 고백의 유익을 놓칠 수 있습니다.

예수님은 세리와 창녀처럼 죄가 명백하게 드러난 사람들을 다루셨습니다. 그들은 왜 용서가 필요한지 잘 알았고 구체적인 죄를 용서받았습니다. 예수님은 앞을 보지 못하는 바디매오에게 "네게 무엇을 하여 주기를 원하느냐?"라고 물으셨습니다. 죄를 고백하기 전에 우리는 이 질문에 대한 분명한 답변을 가지고 있어야 합니다. 죄를 고백함으로 그 자리에서 밝히 드러난 구체적인 죄를 용서받을 때 우리는 알고 지은 죄는 물론이고 모르고 지은 모든 죄까지 용서받는 것입니다.

그렇다면 형제에게 죄를 고백하는 것이 하나님의 법이라는 뜻일까요? 그렇지 않습니다. 죄 고백은 율법이 아니라 죄인들을 도와주시겠다고 하나님이 내미시는 제안입니다. 누군가는 형제에게 죄를 고백하지 않고도 하나님의 은혜로 확신과 새로운 삶, 십자가와 성도의 교제를 향해 돌파해 나갈 수 있습니다. 누군가는 용서나 죄 고백에 대한 의심을 전혀 해 본 적 없이 하나님 앞에서 홀로 죄를 고백하는 것만으로 이 모든 것을 받아 누릴 수 있습니다. 여기서는 그런 확신을 스스로 얻지 못하는 이들의 경우를 이야기했을 뿐입니다.

마르틴 루터만 보더라도 형제 사이에 죄 고백이 없는 그리스도인의 삶이란 생각할 수조차 없다고 여겼습니다. 《대교리문답서》에서 루터는 말합니다. "그러므로 내가 여러분에게 죄 고백을 권면하는 것은 곧 그리스도인이 되라고 권면하는 것입니다." 갖은 노력과 시도에도 불구하고 교제가 주는 큰 기쁨, 십자가, 새로운 삶, 확신에 이르지 못하는 이들에게는 죄 고백을 통해 하나님이 주시는 제안을 알게 해 주어야 합니다. 죄 고백은 그리스도인의 자유에 속하는 문제입니다. 하나님이 자녀들에게 줄 필요가 있다고 여기신 도움을 거절하고 손해를 보지 않을 이가 어디 있겠습니까?

누구에게 죄를
고백할 것인가

그렇다면 누구에게 죄를 고백해야 할까요? 예수님의 약속에 따르면, 모든 그리스도인은 누구나 다른 형제의 죄 고백을 들어 줄 수 있습니다. 하지만 그 형제가 우리를 이해할까요? 그리스도인으로서 높은 수준의 삶을 살고 있어서 우리의 개인적인 죄를 이해할 수 없다는 듯 등을 돌리지는 않을까요?

십자가 아래 사는 사람, 예수님의 십자가를 통해 뭇사람과 자신의 마음에 철저한 악이 도사리고 있음을 깨달은 사람에게는 어떤 죄도 낯설거나 괴상하지 않습니다. 예수님을 십자가에 못 박은 자신의 죄가 너무나 악독해서 두려움에 떨어 본 사람이라면 형제가 저지른 너무나 끔찍한 죄를 마주한들 경악하지 않습니다. 예수님의 십자가를 통해 인간의 마음을 헤아리기 때문입니다. 그는 인간의 마음이 죄와 연약함에 얼마나 깊이 빠져 있는지, 죄의 길에서 얼마나 헤매고 있는지 알 뿐 아니라, 은혜와 자비로 용납받았다는 사실도 알고 있습니다. 오직 십자가 아래에 있는 형제라야 나의 죄 고백을 들어 줄 수 있습니다.

죄 고백을 들을 자격을 부여하는 것은 인생 경험이 아니라 십자가 경험입니다. 아무리 사람을 많이 겪어 본 노련한 전문가라 해도 예수님의 십자가 아래 살아가는 지극히 평범한 그리스도인에 비하면 마음을 헤아리는 능력은 턱없이 부족합니다. 뛰어난 심리학적 통찰과 능력, 경험으로도 "죄란 무엇인가?"라는 질문은 결코 이해하지 못합니다. 심리학은 고통과 연약함, 실패는 알아도 인간의 불경건함에 대해서는 아는 바가 없습니다. 인간이 오직 자신의 죄 때문에 파멸에 이르게 되며 용서로만 치유받을 수 있다는 사실을 모릅니다. 오직 그리스도인만이 이 사실을 압니다.

정신분석가 앞에서 나는 그저 환자에 지나지 않지만, 그리스도인 형제 앞에서는 죄인이어도 좋습니다. 정신분석가는 우선 내 마음을 샅샅이 살피겠지만 마음속 가장 깊은 곳에는 이르지 못합니다. 그리스도인 형제는 내가 그 앞에 서는 순간, 자신과 똑같은 죄인, 죄를 고백하고 싶어 하고 하나님의 용서를 갈구하는 불경건한 인간이 있음을 알아차립니다. 정신분석가는 마치 하나님이 존재하지 않으신다는 듯 나를 바라봅니다. 그러나 형제는 예수 그리스도의 십자가 안에서 심판하시고 또 자비를 베푸시는 하나님 앞에 선 나를 봅니다. 형제 사이의 죄 고백에 서투르고 무관심하다면, 심리학 지식이 아니라 십자가에 못 박히신 예수 그리스도를 사랑하는 마음이 모자라기 때문입니다.

그리스도의 십자가와 함께 하루하루 성실하게 살아가는 그리스도인은 맹렬하게 인간적인 비판을 쏟아 내거나 때로 무엇이든 관용해 버리는 나약한 마음을 버리고, 하나님의 엄하면서도 사랑 넘치는 영을 받아들입니다. 하나님 앞에서 죄인으로서 죽고 은혜로 말미암아 죽음에서 다시 살아나는 사건이 그에게는 일상의 현실이 됩니다. 그는 죄인의 죽음을 지나 하나님 자녀의 삶으로 이끌어 가시는 하나님의 은혜로운 사랑으로 형제들을 사랑하게 됩니다. 누가 우리의 죄 고백을 들을 수 있습니까? 그 자신 또한 십자가 아래에서 살고 있는 사람입니다. 십자가에 못 박히신 분에 관한 메시지가 살아 숨 쉬는 곳이라면 형제 사이의 죄 고백도 있을 것입니다.

죄를 고백할 때 경계해야 할 위험

죄 고백을 실천하는 기독교 공동체가 반드시 경계해야 할 두 가지 위험이 있습니다. 첫 번째는 죄 고백을 듣는 이와 관련 있습니다. 한 사람이 모든 이들의 죄 고백을 듣는 역할을 맡는다면 바람직하지 않습니다. 그 한 사람이 과중한 부담을 지게 되고, 그러다 보면 죄 고백 자체가 그에게 무의미한 일로 변질되기 쉽습니다. 죄 고백을 악용해서 사람들을 영적으로 지배하려 드는 재앙에 가까운 결과를 낳을 수도 있습니다. 이토록 끔찍한 위험에 빠지지 않으려면 자신의 죄를 고백하지 않는 사람이 다른 이의 죄 고백을 듣는 일은 삼가야 합니다. 자기를 낮추는 사람만이 아무 피해도 입히지 않고 형제의 고백을 들어 줄 수 있습니다.

두 번째 위험은 죄를 고백하는 쪽의 문제입니다. 고백하는 사람이 자기 영혼을 구원받으려면 죄 고백을 경건한 공로로 삼지 않도록 주의해야 합니다. 죄 고백을 자기 공로로 여기게 되면, 그 죄 고백은 마음으로 저지르는 더없이 혐오스럽고 사악하며 부정한 행위가 되고 음탕한 수다로 변질됩니다. 죄 고백을 경건한 행위로 여기는 것은 악마가 넣어 주는 생각입니다. 감히 죄 고백이라는 밑바닥으로 들어갈 수 있는 이유는 그저 은혜와 도움, 용서를 제시하시는 하나님의 손길을 의지하기 때문입니다. 오직 사죄의 약속에 기댈 때 죄를 고백할 수 있습니다. 공로로 여기며 죄를 고백하는 행위는 영적인 죽음이지만, 약속에 의지하는 죄 고백은 생명입니다. 죄 사함만이 죄 고백의 유일한 근거이자 목적입니다.

기쁨을 주는 성만찬

그리스도의 이름으로 행해지는 죄 고백은 그 자체로 완전하며 공동체 안에서 필요할 때마다 자주 시행해야 합니다. 한편으로 죄 고백은 기독교 공동체를 섬기는 일이기도 합니다. 특히 공동으로 참여하는 성만찬을 준비하는 데 큰 몫을 담당합니다. 하나님과 화해하고 사람들과 화해한 그리스도인들은 예수 그리스도의 살과 피를 받고 싶어 합니다. 형제와 화해하지 않고서는 제단 앞에 나아올 수 없다는 것이 예수님의 명령입니다. 주님의 이 가르침이 모든 예배, 더 나아가 우리가 드리는 모든 기도에 적용된다면, 성찬을 받는 일도 여기에 해당됨은 두말할 나위가 없을 만큼 분명합니다.

성만찬을 갖기 전날, 기독교 공동체 형제들은 함께 모여 저마다 저지른 잘못에 대해 서로 용서를 구합니다. 형제에게 이렇게 다가서기를 피하는 이는 주님의 식탁에 합당한 준비를 제대로 갖출 수 없습니다. 성찬 자리에서 모든 형제들이 함께 하나님의 은혜를 받기 원한다면, 온갖 분노와 다툼, 시기와 악담, 형제

답지 못한 처신을 정리하고 버려야 합니다. 하지만 형제에게 용서를 구하는 것만으로는 아직 죄 고백이라고 할 수 없으며 죄 고백만이 예수님의 명확한 명령입니다.

성만찬을 준비하노라면 마음을 휘젓고 괴롭히는 죄, 오직 하나님만 아시는 이러저러한 죄들을 하나님이 용서해 주셨다는 완전한 확신을 얻고 싶은 소망이 생깁니다. 이런 갈망으로 인해, 형제 사이에 죄를 고백하고 죄 사함의 은혜가 선포됩니다. 자기 죄에 대한 깊은 불안과 고통이 있는 곳, 간절한 마음으로 사죄를 확신하고자 하는 자리마다 예수의 이름으로 자신의 죄를 형제에게 고백하라는 초대가 주어집니다.

예수님은 죄인들을 용서하셨다는 이유로 신성모독 죄로 고소당하셨는데, 예수 그리스도의 임재에서 비롯되는 권능 가운데 그 사건이 이제 기독교 공동체 안에서 일어납니다. 삼위일체 하나님의 이름으로 상대의 모든 죄를 서로 용서하는 것입니다. 죄인들이 죄를 뉘우칠 때 그들로 인해 하나님의 천사들이 기뻐합니다. 그리하여 성찬을 준비하는 시간은 형제의 권면과 격려, 기도와 두려움과 기쁨으로 가득 찹니다.

성찬을 나누는 날은 기독교 공동체에 기쁨의 날입니다. 하나님과 형제들과 마음으로부터 화해한 성도들은 예수 그리스도의 살과 피를 선물로 받으며, 그 안에서 용서와 새 생명, 행복을 받아 누립니다. 하나님과 함께, 사람들과 더불어 새로운 사귐을 갖습니다. 성찬 교제는 그리스도인 사귐의 성취이자 완성입니다. 공동체 구성원들은 주님의 식탁에서 살과 피로 하나가 되었듯 이제 영원히 함께할 것입니다. 여기서 공동체는 목적지에 도달합니다. 그리스도와 공동체 안에서 누리는 기쁨이 여기서 온전해집니다. 말씀 아래 그리스도인들이 함께하는 삶이 성찬을 통해 완성됩니다.

《본회퍼의 함께 사는 삶》에 관한 해설

-페터 치머링

1. 집필 배경

《본회퍼의 함께 사는 삶》은 디트리히 본회퍼의 저서 중 가장 많은 판본이 출간된 책이다.[1] 1939년 초판이 출간된 이래 같은 해에만 두 차례 더 개정판이 나왔다. 1940년에 제4판이 출간되었으나, 그다음 개정판은 제2차 세계대전이 끝난 후에야 출간되었다. 이후에 이 책은 세계 주요 언어로 번역되어 읽히고 있다.

본회퍼는 약 100쪽 분량의 이 원고를 1938년 9월과 10월 사이에 단숨에 써 내려갔다. 당시는 게슈타포가 슈테틴 인근 핑켄발데(Finkenwalde, 현 즈드로예)에 있던 고백교회 신학교와 거기서 파생된 '형제의 집'(Bruderhaus)를 폐쇄한 지 1년이 지난 시점이었다.[2] 비록 눈에 보이는 시설은 봉쇄되었으나, 신학교 사역은 이른바 '공동 목회 실습'이라는 명목으로 위장해서 비밀리에 계속 이어졌다. 신학교 교장이자 '형제의 집' 지도자로서 본회퍼가 수행했던 활동은 《본회퍼의 함께 사는 삶》의 토양이 되었다. 따라서 이 책을 이해하기 위해서는 당시 신학교와 '형제의 집' 생활을 눈앞에 그려 보는 것이 필수적이다.

핑켄발데 신학교는 오늘날 독일 개신교 주(州) 교회에 존재하는 유사한 교육 기관들과 근본적으로 달랐다. 약 30명의 신학생과 제2기 교육 과정부터 합류한 10여 명의 '형제의 집' 소속 목회자들은 산상수훈에 따라 하나님의 돌보심에 의지하여 살았다. 이들은 주로 고백교회에 속한 지역 교회나 개인들이 기부하는 식료품과 물품에 의존했다.[3] 이 과정에서 본회퍼는 먼저 모범을 보였는데, '형제의 집' 구성원들은 한동안 거의 본회퍼의 목사 급여만으로 생활하기도 했다.[4]

당시 신학생이었던 볼프 디터 치머만은 다음과 같이 회고했다. "그런 불확실성 속에서 살아야 하는 사람은 하나님의 보호하심과 인간의 도움을 특별한 방식으로 경험하게 된다. 나아가서 그런 상황에서는 성경의 메시지가 비범한 힘을 발휘한다. 인간은 자신을 보호할 삶의 수단이 적을수록 성경이 전하는 말씀에 더 귀를 기울이게 되기 때문이다. 하나님은 우리의 도움이 되고자 하신다. 그러기에 인간의 자기방어 수단이 무너질 때 비로소 하나님의 강함이 증명된다."[5]

재정적 불안정 외에도 핑켄발데의 또 다른 특징은 상대적으로 고립된 시골 환경이었다. 슈테틴 시내 중심가에서 그곳까지 가려면 차로 20분 정도 소요되었다. 그 길은 강줄기가 굽이쳐 흐르는 오데르브루흐(Oderbruch) 저지대를 통과하며 이어졌는데, 신학생들은 이 매력적인 강변 풍경을 즐기며 수상 스포츠를 만끽하기도 했다.[6] 1938년부터 설치된 공동 목회 실습소(Sammelvikariate)는 슈테틴에서 북동쪽으로 160킬로미터 떨어진 쾨슬린(현 코샬린)에 위치했고, 거기로부터 다시 동쪽으로 40킬로미터 더 떨어진 슐라베(현 슬라브노)의 교구 본부에도 자리를 잡았다. 그 외에도 인근 마을인 그로스 슐뢴비츠(Groß-Schlönwitz)와 수 킬로미터 떨어진 지구르츠호프(Sigurdshof)에서도 운영되었다.

핑켄발데의 전원적 입지와 실습소들의 고립된 환경은 목사 후보생 공동체의 영적인 생활 방식 형성에 중요한 전제 조건이 되었다. 외부의 사상적 영향에 거리를 둔 환경 덕분에 성경 연구와 기도에 온전히 전념할 수 있었기 때문이다. 1940년 1월

29일, 대도시 출신이었던 본회퍼는 지구르츠호프에서 다음과 같이 썼다. "나는 특히 요즘 같은 시대에 시골의 삶이 도시보다 훨씬 인간답다는 사실을 깨닫는다. 여기서는 집단적 휩쓸림의 영향력이 모두 사라진다. 베를린과 이 외딴 농가 사이의 대조가 유난히 크게 느껴진다."[7]

하지만 핑켄발데와 공동 목회 실습소는 결코 목가적인 낙원이 아니었다. 당시의 교회 정치적 상황[8]은 어두운 막을 배경으로 드리우고 있었으며, 이러한 배경 속에서 본회퍼의 사역은 비로소 선명한 윤곽을 드러냈다. 본회퍼 전집의 편집자들이 당시 본회퍼의 활동을 두고 '불법 신학 교육'((Illegale Theologenausbildung)이라는 제목을 채택한 것은 지극히 타당한 판단이었다.

핑켄발데와 실습소를 선택한 젊은 목사 후보생들은 바르멘과 달렘 고백교회 총회의 정신에 입각하여 교회의 갱신을 위해 투쟁하고자 했다. 그들은 모든 것을 헌신할 준비가 되어 있었다. 고백교회의 수련 과정은 불법이었기에, 후보생들은 과정을 마친 후에도 정규 급여나 안정적인 직장, 사택조차 보장받을 수 없었다. 그럼에도 총 184명의 목사 후보생이 핑켄발데와 지하 실습 과정을 거쳐 갔다.

본회퍼는 구속력 있는 공동생활이 영성 훈련에 본질적인

전제 조건이라고 보았다. 신학생들은 공동체에 완전히 헌신할 것을 서약했으며, 이를 위해 사생활을 일부 포기하는 것까지 감수했다. 공동생활은 모든 구성원이 준수해야 하는 일과표에 따라 질서 있게 짜여졌는데, 이를 통해 서로를 돌보는 형제애의 공동체가 형성되기를 기대한 것이었다. 고백교회 목사 후보생들의 목회 준비를 위해 본회퍼가 만든 지침 초안은 이후 약간의 수정을 거쳐 임시 교회 지도부에 의해 다음과 같이 결의되었다.

목사 후보생은 아침·저녁 예배와 정해진 묵상 시간으로 엄격하게 짜인 일과 속에서 신학교 생활을 하게 된다. 후보생은 이러한 질서가 자신의 업무를 바르게 정립하고 개인적인 삶을 가꾸는 데 도움을 준다는 사실을 경험해야 한다. 그는 주일을 포함하여 이 기간 동안 온전히 신학교 형제단에 속해야 하며 사적인 이해관계를 따르지 않아야 한다. 매일의 기도와 예배 그리고 노동의 공동체 안에서 선한 형제애를 유지하는 법을 배워야 하고, 가장 비천한 일일지라도 형제를 위한 섬김이라면 기꺼이 감당할 준비가 되어 있어야 한다. 신학교에서 동료 및 스승과 더불어, 자신이 필요로 하고 찾던 그 목회적 공동체를 함께 일구어 나가야 한다. 또한 스승과 형제들이 이러한 면에서 언제든 자신을 도울 준비가 되어 있음을 알아야 한다. … 신학교 시절은 공부와 더불어, 후보생이 임직(Ordination)을 통해 기꺼이 맡게 될 직무를 생각하며 고요히 자기를 살피는 집중의 시간이 되어야 한다.[9]

핑켄발데 영성의 기초(Basics)에는 매일의 개인적인 성경 읽기, 정해진 성경 본문에 기초한 묵상, 기도와 중보기도, 아침·저녁 예배가 포함되었다. 또한 목회적 돌봄을 주고받는 일, 개인적인 죄 고백, 정기적인 성만찬 참여, 특히 실천신학 분야를 중심으로 한 신학 연구, 구속력 있는 공동생활 및 형제애가 그 핵심을 이루었다. 이러한 기초 요소들 중 상당수는 본회퍼가 전통적인 목사 후보생 교육의 틀을 깨고 개척한 새로운 영역이었다. 영적인 삶의 과정을 익히는 것, 즉 영성 훈련은 핑켄발데의 최우선 목표가 되었다.

핑켄발데를 떠난 뒤에도 목사 후보생들은 신학교에서 익힌 영성과 그곳에서 형성된 형제적 공동체를 목회 현장에서 지속적으로 고수하고자 힘썼다. 이를 위해 공동의 성경 묵상 본문, 상호 중보기도, 핑켄발데 회보[10], 신학교와 주고받는 개인적인 편지들을 활용했다. 목회 중인 형제들을 위해 핑켄발데에서 마련한 수련회 참석, 상호 방문, 핑켄발데 후보생들과 함께하는 대중 전도, 고백교회의 길을 계속 함께 가겠다는 결단, 제자들에게 직접 작성한 설교문을 보내 달라는 요청과 이를 검토해 주겠다고 한 본회퍼의 제안 등도 그 수단이 되었다. 본회퍼 본인이 이 모든 활동의 영적 동력이었다.

핑켄발데에서의 제1기 목사 후보생 교육 과정이 끝난 직후, 본회퍼는 고백교회 지도부에 이른바 '형제의 집'(Bruderhaus) 설립을 신청했다.[11] 이로써 그는 처음에 6개월로 제한되어 있던 신학교의 공동생활을 넘어 한걸음 더 나아갔다. 설립 신청서에는 "형제들은 장기간 '형제의 집' 사역에 헌신하기로 약속하지만, 탈퇴는 언제든 자유롭다"라고 명시되어 있었다.[12] 신학교의 단기 공동생활을 장기적인 공동체적 삶으로 전환하고자 했던 것이다. 목회자 공동체인 '형제의 집'은 본회퍼가 목사 후보생 과정에서 강의와 세미나, 실습을 통해 가르친 내용을 실제로 구현하고 훈련하는 장이 되어야 했다.

이 신청이 승인됨에 따라, 본회퍼는 1935년 가을 제1기 출신 후보생 6명과 함께 아마도 20세기 개신교 최초라고 할 공동생활 수도 공동체를 결성할 수 있었다.[13] '형제의 집' 구성원들은 한시적인 독신 생활, 재정 공유, 고백교회 특히 핑켄발데 신학교를 안에서의 공동 사역을 약속했으며, 본회퍼는 '형제의 집' 책임자로서 그들의 사역을 지도했다.[14] 이로써 수도원 전통의 경건함이 개신교 안에서 정당한 위상을 되찾도록 만들었다.[15]

본회퍼는 처음부터 '형제의 집'을 전체 교회를 섬기는 영적 중심지로 구상했다. 이는 전체 교회, 즉 고백교회의 결정에 따라 세워졌다. '형제의 집'의 임무 중에는 목회자와 평신도를 위해 영성 수련 시간을 제공하는 것도 있었다. 가톨릭에는 오래전부터 수도회라는 이름으로 교회를 섬기고자 하는 집단이 항상 존재해 왔다. 본회퍼는 '형제의 집'을 통해 이와 유사한 사역 공동체를 개신교에도 만들고자 했던 것이다.

1935년 1월 14일, 본회퍼는 자신의 형인 카를 프리드리히에게 보낸 편지에 다음과 같이 썼다. "교회의 회복[갱신]은 분명 일종의 새로운 수도원주의에서 올 것입니다. 이 새로운 수도원주의가 과거와 닮은 점이 있다면, 오직 그리스도를 따르는 삶 속에서 산상수훈에 따라 살아가려는 타협 없는 철저함뿐입니다. 이제 이를 위해 사람들을 모아야 할 때라고 믿습니다."[16]

2. 특징

《본회퍼의 함께 사는 삶》은 신학생 공동체의 영적인 삶을 다루는 단순한 체험 수기를 넘어선다.[17] 이는 베네딕트 수도 규칙이나 토마스 아 켐피스의 《그리스도를 본받아》, 《로욜라의 성 이나시오 영신 수련》처럼 기독교 역사에 이름을 남긴 유명한 영성 수련서의 계보를 잇는, 개신교 교회 전체를 위한 영적 훈련서다. 이 책이 개인의 영적 삶뿐 아니라 '함께하는 영적 삶'의 형성까지 고민하려고 시도했다는 점은 당시 개신교회에 무척 생소하고도 획기적인 일이었다.

본회퍼는 서문에서 자신의 구상이 교회 전체에 유익이 되기를 바란다는 점을 분명히 밝혔다. "이는 사적인 모임에 속한 것이 아니라 교회 전체에 주어진 과업이기 때문입니다. 따라서 몇몇 사람이 우발적으로 시도하는 단편적 해결책에 머물러서는 안 되며, 교회가 공동의 책임으로 다루어야 합니다." 그는 이 과제 앞에 놓인 많은 반감과 우려를 인식하고 있었기에 다음과 같이 덧붙였다. "이제 막 중요성을 깨닫기 시작한 이 과업 앞에서 주저하는 마음은 당연하지만, 이러한 망설임은 교회를 세우기 위해 서로 돕겠다는 적극적 의지로 바뀌어야 합니다."

비록 이 책에 기술된 영적 훈련의 원래 배경은 신학생 공동체이지만, 본회퍼는 더 나아가서 그리스도인 주거 공동체나 일반 가정, 일정 기간만 함께 생활하는 다양한 형태의 모임 등 그리스도인 공동체의 여러 형태와 교회 전체를 염두에 두고 자신의 구상을 펼쳐 나갔다. 그는 모든 그리스도인에게 영성 훈련이 필수적이라고 보았다. 훈련은 신앙을 구체적인 삶의 모습으로 빚어내기 때문이다. 이러한 영성 훈련은 예수 그리스도를 믿는 믿음 안에서 하나님이 주시는 은혜를 결코 부정하지 않으며, 오히려 그 반대다.

하지만 영성 훈련이 필요하다는 본회퍼의 주장은 곧 율법주의라는 비판에 직면했다. 카를 바르트의 비판이 대표적인 예다. 바르트는 핑켄발데의 《성서 묵상 지침》[18]을 읽고 나서 이렇게 썼다. "그 문서에서 풍기는, 정의하기 어려운 수도원적인 에로스(Eros, 감상적 열망)와 파토스(Pathos, 과도한 열정)의 냄새가 나를 또다시 불편하게 했다."[19]

그러나 본회퍼에게 영성 훈련은 선물이라는 신앙의 성격을 약화시키는 것이 아니라, 오히려 신앙을 개인적인 경험으로 만들고 온전히 꽃피우려는 것이었다. 1936년 9월 19일, 본회퍼는 카를 바르트에게 보낸 편지에서 다음과 같이 단호하게 밝혔다. "신학적 작업이나 진정한 목회적 공동체는 아침저녁으로 말씀을 중심으로 모이고 정해진 기도 시간을 지키는 삶에서만 성장할 수 있다는 사실은 명확합니다. 이것이 율법주의라는 비난은 전혀 가당치 않습니다. 그리스도인이 기도하는 법을 배우려 마음먹고 그 배움에 상당한 시간을 할애하는 것이 어째서 율법주의라는 말입니까?"[20]

《본회퍼의 함께 사는 삶》에서 궁극적으로 보여 주려 한 점은 칭의론이 그리스도인 개인과 개신교 공동체에 어떻게 실제적 경험이 될 수 있느냐는 것이다. 이를 위해 본회퍼는 예나 지금이나 영성 전문가로 통하는 가톨릭 수도회의 영적 경험을 빌려 이를 개신교 영성 훈련에 유익이 되도록 녹여 냈다.

본회퍼는 모든 그리스도인에게 구속력 있는 영적 삶이 반드시 필요하다고 확신했다. 내면의 신앙은 외적 행동에 영향을 주지만 외적 행동 또한 내면의 신앙에 영향을 미치기 때문이다. 즉 영적 훈련과 살아 있는 신앙은 서로가 서로를 견인하는 관계다.

《본회퍼의 함께 사는 삶》에서 펼쳐지는 영성 훈련은 전통적인 개신교 영성과도 충분히 조화를 이룬다. 본회퍼는 자신의 구상을 철저히 마르틴 루터의 종교 개혁적 영성에 기초하여 서술했다. 루터의 교리문답과 《그리스도의 거룩하고 참된 몸인 성찬에 관한 설교》[21] 내용을 곳곳에서 인용하고, 이를 토마스 아 켐피스의 《그리스도를 본받아》와 연결하여 설명했다.

《본회퍼의 함께 사는 삶》의 구조를 보면, 본회퍼가 훗날 떼제 공동체의 로제 수사가 '투쟁과 관상'이라는 명쾌한 공식으로 전 세계에 알린 영적 기본 원리를 이미 핑켄발데 시절에 파악하고 있었음을 알 수 있다. 그리스도인의 존재 목표인 '섬김'은 함께하는 생활과 홀로 있는 시간, 죄 고백과 성만찬에 대한 고찰로 뒷받침된다.

본회퍼는 1935년 '형제의 집' 설립 신청서에서 이미 다음과 같이 밝힌 바 있다. "수도원적 은둔이 아니라, 세상을 향한 섬김을 위한 내적 집중이 목표입니다."[22] 《본회퍼의 함께 사는 삶》은 영적 집중이 뒷받침되지 않는 그리스도인의 삶은 세상을 개량하려는 단순한 시도로 전락하여 그 본질이 희석될 수밖에 없음을 보여 주었다.

3. 내용에 관하여

《본회퍼의 함께 사는 삶》 각 장의 주제는 공동체, 함께하는 생활, 홀로 있는 시간, 섬김, 죄 고백과 성만찬이다. 영성의 핵심 형태는 경건의 시간, 기도, 성경 읽기, 죄 고백, 성만찬이다.

아침, 점심, 저녁 경건의 시간은 하루 일과의 틀을 잡아 준다. 본회퍼는 여기서 마르틴 루터의 가정교회 개념을 접목한다. 루터교에서는 수 세기 동안 주일 예배와 더불어 가정의 매일 예배가 영성의 두 축을 형성해 왔다. 본회퍼에 따르면 경건의 시간에는 시편 기도, 성경 봉독, 찬송, 기도와 중보기도가 포함되어야 한다. 본회퍼가 제안한 경건의 시간 절차는 루터의 예배관에 충실하다.

종교 개혁자 루터에 따르면 개신교 예배의 본질은 인간

을 향한 하나님의 말씀, 하나님을 향한 인간의 응답에 있다. 1544년 10월 5일, 엘베 강변의 토르가우 성(城) 교회라는 최초의 개신교 교회 봉헌 예배 설교에서 루터는 다음과 같이 강조했다. "사랑하는 친구 여러분, 지금 우리는 이 새집을 축복하고 우리 주 예수 그리스도께 봉헌하고자 합니다. … 우리 사랑하는 주님께서 친히 그분의 거룩한 말씀을 통해 우리에게 말씀하시고, 이에 화답하여 우리가 기도와 찬송을 통해 그분께 말씀드리는 것만이 이곳에서 이루어지기를 바랍니다."[23]

본회퍼는 이론과 실제 양면에서 음악에 깊이 몰두했던 경험과 시편 찬송 선호 덕분에 개신교 교회에서 찬송의 중요성을 깊이 깨달았다. 이를 통해 고백교회의 찬송가 갱신 운동에도 동참했다. 《본회퍼의 함께 사는 삶》에서 그는 개신교 찬송을 제창으로 부를 것을 요구했는데, 오직 제창으로 부르는 회중 찬송만이 그 영적 기능을 수행할 수 있다고 보았기 때문이다. 제창으로 부를 때에만 참으로 온 마음을 다해 노래하는지, 하나님의 영광을 위해 노래하는지, 노래 속에서 울려 퍼지는 것이 하나님의 말씀인지, 공동체가 형제로서 하나 되어 노래하고 있는지를 드러낸다고 생각했다. 본회퍼는 다성부 화음으로 부르는 회중 찬양을 금지할 것을 엄격히 요구했다.

본회퍼는 20세기 개신교 신학자 중 '홀로 있음'과 '침묵'이 중요한 영적 수단임을 발견한 선구자 중 한 명이었다. 이에 관한 상세한 서술은 '홀로 있는 시간' 장에서 찾아볼 수 있다. 하나님 앞에서 침묵할 때 비로소 인간은 단독자가 되며 이를 통해 하나의 인격적 존재가 된다. 그리스도인이 하나님 앞에서 단독자가 될 수 있다는 생각은 "너는 아무것도 아니며 네 민족이 전부다"라고 했던, 당시를 지배한 나치 이데올로기에 맞선 대응 프로그램이기도 했다. 이에 대해 본회퍼는, 홀로(단독자로) 있을 수 없는 사람은 공동체 생활에 들어가는 것을 삼가야 한다고 경고했다.

본회퍼는 개인적인 성경 읽기를 탐구하면서 개신교 묵상의 개척자가 되었다. 핑켄발데의 일과는 아침 식사 후 30분 동안 '다른 목적 없이 말씀을 묵상하는 시간'으로 시작되었다.[24] 묵상할 때는 매주 공동으로 정한 몇 구절의 성경 말씀을 사용했으며, 사전이나 주석, 원어 성경의 도움은 받을 수 없었다.

이러한 정기적 묵상 아이디어는 영국에서 얻었다. 1935년 3월, 신학교 책임자로 부임하기 전에 본회퍼는 켈럼, 미어필드, 옥스퍼드 등 영국의 주요 수도원을 방문했다.[25] 수도원의 일과를 직접 체험하며 신학생들의 영성 훈련을 위한 실천적 방법을 배우고자 한 것이다. 정해진 시간에 드리는 기도와 더불어 성경 본문에 정기적으로 깊이 몰입하는 묵상 수행은 그 핵심이었다. 특히 침묵 속에서 하나님을 깊이 만나는 힘은 수도원 질서를 지탱하는 본질적 요소로 간주되었다.

당시 독일 개신교회에서 묵상 훈련은 지극히 낯선 영역이었다. 미카엘 형제회나 일부 고교회파 그룹에서 이를 재발견하려는 시도가 있었으나, 본회퍼의 접근 방식은 달랐다. 그가 가르치고 실천한 묵상은 철저히 '성경 묵상'에 뿌리가 있었다. 핑켄발데에서 행해진 이 묵상 훈련이 저항에 부딪힌 이유는 당시 개신교 정서에 너무나 생소했기 때문이다. 게다가 대다수 신학생은 이 훈련에 제대로 적응하지 못했다.[26] 그들은 성경을 주로 설교나 수업, 강연 도구로만 대해 왔다. 이제 그들은 성경을 다른 목적 없이, 오직 자신에게 주시는 하나님의 말씀으로 직접 마주해야 했다. 많은 이들이 이 과정에서 큰 혼란을 겪었다. 새로운 실험에 동참하려 했던 이들조차 처음에는 잡념에 시달리거나 꿈에 짓눌렸고, 억눌렸던 기억들이 떠오르는 경험을 하기도 했다.

이러한 내면의 혼란은 대다수 신학생에게 두려움으로 다가왔다. 묵상 훈련이 난관에 부딪힐 때마다 각 과정에서는 묵상의 본질과 목표를 두고 수시로 토론이 벌어졌다. 결국 신학생들은 매주 토요일 아침에 모여 공동 묵상 시간을 갖기로 했다. 옥스퍼드 그룹 운동[27]이나 퀘이커교도의 나눔 방식처럼, 이 시간에는 한 주 동안 묵상한 성경 구절이 자신에게 개인적으로 어떤 의미를 주었는지 서로 나눌 수 있었다. 이때 다른 사람들은 비평이나 논평을 할 권리가 없었다.[28] 아무도 발언을 강요받지 않았으며, 그저 침묵 속에 앉아 있는 것만으로도 충분했다. 많은 신학생이 다른 이들의 나눔에서 자신의 묵상을 위한 영감을 얻었다. 무엇보다 그들은 묵상 중에 떠오르는 온갖 생각을 하나로 모아 "하나님, ~에 대해 감사드립니다"[29]라는 문장으로 고백하며 기도로 연결하는 법을 배웠다. 이를 통해 성경을 바라보는 자신의 생각과 감정, 경험을 하나님과 연결하고 그분의 통치 아래 두게 되었다. 본회퍼는 묵상 실천을 기꺼이 도와주었지만, 훈련 자체에 대해서는 매우 엄격했다. 전쟁이 격해지던 시기에도 핑켄발데 출신들은 공동 묵상을 위한 성경 본문을 정기적으로 전달받았다.

본회퍼의 묵상 이해에는 두 가지 근본 전제가 깔려 있다. 하나는 특정한 성경 이해이며, 다른 하나는 관조의 중요성이다. 본회퍼의 성경 이해에서 출발점은 하나님께서 성경을 통해 인간에게 말씀하고자 하신다는 확신이다. 그는 하나님이 성경의 말씀 안에서 인간에게 발견되기로 스스로 정하셨다고 보았다. 성경이 하나님의 메시지를 전하려면 읽는 이 앞에서 독자적인 무게를 지닌 실체가 되어야 한다. 이것이 핑켄발데에서 행해진 묵상 훈련의 목표이자 핵심 내용이다.[30] "우리는 하나님의 뜻을 찾지만, 그 뜻은 우리에게 완전히 **낯설고 거스르는** 것이며, 하나님의 길은 우리의 길과 다르고 하나님의 생각은 우리의 생각과 다르다. 하나님은 **십자가**라는 표징 아래 자신을 숨기시며, 그곳에서 우리의 모든 길과 생각은 **끝이 난다.**"[31]

성경을 통해 하나님의 음성을 듣고자 한다면 읽는 과정에서 특정한 태도를 갖추어야 한다. 자신의 실존적 질문에 답을 줄 것이라는 기대감을 가지고 말씀을 대해야 한다. 본회퍼는 우리가 끈기를 가지고 겸손하게 묻기만 한다면 성경에서 반드시 답을 얻을 수 있다고 믿었다.[32] 성경을 기꺼이 신뢰하는 자만이 그 안에서 삶을 인도하는 응답을 발견할 수 있다.

핑켄발데 묵상 훈련의 두 번째 전제는 관조다. 하나님이 성경을 통해 인간에게 말씀하신다는 신학적 확신만으로는 부족하다. 하나님의 음성을 듣기 위해 자신을 준비시키고, 기꺼이 시간과 공간을 내드리는 태도가 수반되어야 한다. 하나님 앞에서의 고요와 집중이 없다면 그분과의 인격적인 만남은 이루어지기 어렵다. 하나님은 성경 말씀을 통해 말씀하시기에, 인간은 그분의 음성을 듣기 위해 말씀 앞에서 침묵해야 한다. 하나님은 그리스도인 개인에게 말씀하실 뿐 아니라, 그를 전체 교회 공동체의 지체로 여기며 말씀하신다. 이 사실은 관조를 사적 영역에서 끌어내어 공동체 차원으로 확장시킨다.

《본회퍼의 함께 사는 삶》을 보면 본회퍼가 묵상의 개척자일 뿐만 아니라 개신교적 고백의 영성을 새롭게 일깨운 선구자임을 알 수 있다. 루터의 소교리문답 내용을 제외하면, 개신교에서 개인의 죄 고백에 관해 《본회퍼의 함께 사는 삶》만큼 널리 알려진 글은 없다. 본회퍼가 죄 고백을 이토록 높게 평가한 이유는 루터에게 영향을 받은 신학적 배경에서 기인한다. 제자들이 예수 그리스도의 선포를 통해 복음을 전달받았듯이, 오늘날 그리스도인 공동체 안에서는 형제의 말을 통해 복음을 경험한다. 즉 형제자매가 전하는 말이 곧 그리스도의 말씀이 된다.

핑켄발데 목사 후보생 수련 과정과 '형제의 집'은 죄 고백을 실천하는 현장이었다. 본회퍼는 제1기 수련 과정이 시작된 지 3주가 지났을 때, 성만찬에 참여하기 전 교육생들끼리 서로 마음의 짐을 털어놓고 관계를 투명하게 정립할 것을 요구했다.[33] 공동체 생활에 장애가 되는 모든 요소를 솔직하게 나누는 긴 대화가 이 과정에서 이어졌다. 이러한 고백의 대화는 예배당이 아니라 일상의 세속적 장소에서 이루어졌으며, 대화의 끝에는 용서를 구하는 짤막한 기도가 있었다. 이후 특별한 경우에는 용서의 확신을 선포하는 예식을 거행하기도 했다. 이때 고백을 듣는 이는 안수받은 목회자여야 했으며, 그는 분명한 말로 용서를 선포했다.

　　본회퍼는 죄 고백이 필요한 세 가지 이유를 다음과 같이 제시한다. 첫째, 구체적인 죄 고백이 없는 교회는 그리스도인 공동체를 죄인의 공동체가 아니라 경건한 자들의 공동체로 오해할 위험에 빠뜨린다. 둘째, 죄 고백은 예수 그리스도로 가능해졌으며 그분이 직접 명령하신 것이다. 셋째, 죄 고백을 듣는 이는 그리스도를 대신할 뿐만 아니라 공동체를 대신하여 듣는다.

　　나아가서 본회퍼는 죄 고백으로 일어나는 네 가지 근본적 변화를 다음과 같이 설명한다. 고백을 통해 인간은 자기만의 고립을 깨뜨리고 공동체로 나아가며, 자신의 죄를 직시함으로써 십자가 앞으로 나아가는 길이 열린다. 또한 이전의 삶과 결별하여 새로운 생명으로 나아가고, 하나님의 약속에 근거한 구원의 확신을 얻게 된다.

　　본회퍼의 관점에서 죄 고백은 값비싼 은혜가 값싼 은혜로 전락하는 것을 막기 위해 필수적이다. 그와 동시에 루터와 마찬가지로 그에게 죄 고백은 목회적 돌봄의 핵심이다. 왜냐하면 죄 고백은 인간이 오직 은혜로만 주어지는 하나님의 용서를 가장 분명하게 경험하는 형태이기 때문이다.

　　죄 고백에 관한 그의 글의 가치는 무엇보다도 그 실천 중심적 성격에 있다. 본회퍼는 죄 고백을 적극 권장하면서도 관련된 위험성도 경고했다. 본회퍼는 성만찬 직전의 시간이 죄 고백에 가장 적절한 때라고 보았다. 죄 고백을 성만찬 준비 과정으로 이해함으로써, 1930년대까지 많은 개신교 공동체에 남아 있던 옛 전통을 계승한 것이다.

본회퍼가 보기에 죄를 고백하는 사람이 빠지기 쉬운 가장 큰 위험은 죄 고백을 하나님 앞에서 의로워지는 선행으로 여기는 것이다. 이는 개신교적 죄 고백의 본질을 완전히 오해한 것이다. 죄 고백에서 주목해야 할 것은 나의 행위가 아니라 하나님의 행위다. 죄 고백 안에서 하나님은 나에게 친히 일을 행하신다. 형제자매를 통해 나에게 개인적으로 베푸시는 하나님의 죄 용서라는 섬김을 받아들이는 것이다. 죄 고백의 중심은 나의 죄 고백이 아니라 하나님의 용서에 있다.

반면 고백을 듣는 자에게는 죄 고백을 영혼에 대한 영적 독재 수단으로 악용할 위험이 존재한다. 공동체나 교회의 지도자처럼 특정 인물이 모든 사람의 고백을 독점하여 듣는 경우 이러한 일이 발생한다. 본회퍼는 이러한 남용을 막기 위해 고백을 듣는 사람 자신도 누군가에게 자신의 죄를 고백해야 하며, 공동체 내에서 한 사람이 아닌 여러 사람이 고백을 듣는 것이 중요하다고 강조했다.

개인의 죄 고백을 재도입함과 동시에 본회퍼는 정기적인 성만찬 참여를 강조했다. 당시 주(州) 교회에서는 많으면 1년에 세 번 정도 성만찬을 거행하는 것이 관례였다. 그러나 본회퍼는 너무 길지 않은 간격을 두고 정기적으로 참여할 때 성만찬이 가진 영적 힘이 온전히 발휘될 수 있음을 깨달았다.

4. 오늘날을 위한 의미

본회퍼는 공동생활이라는 영성 훈련을 통해, 개신교 영성에서 결코 빠질 수 없는 요소인 '영적 훈련'을 재발견했다. 제2차 세계대전이 끝난 후 새롭게 등장한 개신교 공동체들이 이 자극을 가장 먼저 받아들였다.[34] 《본회퍼의 함께 사는 삶》은 이들이 개신교 신앙과 조화를 이루면서도 수도원적 색채를 띤 경건을 발전시키는 데 큰 도움을 주었다.

에를랑겐 대학교의 실천신학자 만프레드 자이츠(Manfred Seitz)는 본회퍼의 뒤를 이어 신학 대학 교수로서는 거의 처음으로 개신교 신앙의 맥락에서 '훈련'의 측면이 소홀히 다루어지고 있음을 지적했다.[35] 1960년대 후반 이후 개신교 내부에서는 껍데기만 남은 형식에 대한 일종의 거부감이 생겼다.[36] 죽은 형식에 얽매일지 모른다는 두려움이 고정된 형식 그 자체를 거부하는 결과로 이어진 것이다.[37] 하지만 이러한 회의론은 성서학적 관점, 종교 개혁자들이 영적 형식을 당연하게 여겼던 사실, 최근의 인문학적 견해와도 배치된다.

오늘날처럼 영적 프로그램이 범람하고 불확실한 사회를 살아가는 시대일수록, 삶의 근본적인 지향점을 보존하고 전달할 때 상징과 의례라는 안전장치가 반드시 필요하다.[38] 자이츠의 표현을 빌리자면, 형상화되지 않고 오직 머릿속에만 존재하는 신앙은 바람에 날아가 버리기 마련이다.[39] 최근에는 크리스티안 그레틀라인(Christian Grethlein), 만프레드 요수티스(Manfred Josuttis), 크리스티안 묄러(Christian Möller) 같은 학자들에 의해 개신교 안에서 영적 실천을 체계적으로 훈련해야 한다는 요구가 긍정적으로 일어나고 있다.[40]

오늘날 많은 개신교 교회는 본회퍼가 제시한 정신에 따라, 예비 목회자들이 신학 공부와 아울러 신앙의 영적 실천을 직접 경험할 수 있도록 다각도로 노력하고 있다. 이 과정에서 영적 지도와 수행 프로그램이 중요한 역할을 담당한다.[41] 하지만 정기적인 영적 훈련을 일상화하는 일은 오늘날 개신교인들이 보완해야 할 큰 과제다.

《본회퍼의 함께 사는 삶》은 신학생이나 전임 사역자들만 읽는 영성 훈련 교재가 아니다. 앞서 언급했듯, 본회퍼는 집필 당시 처음부터 그리스도인 공동체 전체를 염두에 두었다. 이 책을 한 단락씩 차분히 읽는 것만으로도 개인 묵상 시간을 훨씬 풍성하게 만들 수 있다. 또 소그룹 모임에서 책의 내용을 함께 나누는 방법도 있다. 각 장을 미리 읽어 온 뒤, 짧은 발제와 함께 토론을 진행하는 것이다. 예배 시간에 특정 장을 주제로 시리즈 설교를 해도 유익하다. 다룰 수 있는 주제로는 그리스도인의 삶에서 공동체가 갖는 의미, 침묵과 홀로 있음의 필요성, 개인의 죄고백, 정기적인 성만찬 참여가 주는 영적인 힘 등이 있다. 마지막으로 개신교 영성의 근본 문제를 다루는 소규모 세미나에서 기본 텍스트로 이 책을 활용하는 방안도 고려해 봄직하다.

주

1. 이 글의 상당 부분은 이미 다음 저서에서 발표한 바 있다: Peter Zimmerling, *Bonhoeffer als Praktischer Theologe*, Göttingen 2006.

2. 이에 대한 상세한 내용은 다음을 참고하라: Eberhard Bethge, *Dietrich Bonhoeffer. Theologe, Christ, Zeitgenosse. Eine Biographie*, Gütersloh, 8판, 2004, 536ff. 오늘날에는 기초 벽만 남아 있다. 자연이 이 유적들마저 집어삼키려던 중이었다. 지금은 독일과 폴란드의 협력을 통해 이 역사적 장소에 일종의 추모 정원이 조성되었다.

3. 이에 대한 상세한 내용은 앞의 책, 488ff. 참고.

4. 앞의 책, 535.

5. Wolf-Dieter Zimmermann, *Wir nannten ihn Bruder Bonhoeffer. Einblicke in ein hoffnungsvolles Leben*, Berlin 1995, 71.

6. 여기와 다음의 내용은 이 부분을 참고하라: Bethge, *Bonhoeffer*, 488.

7. Dietrich Bonhoeffer, *Illegale Theologenausbildung: Sammelvikariate* (1937-1940), hrsg. von Dirk Schulz, *Dietrich Bonhoeffer Werke* (DBW), Bd. 15, Gütersloh 1998, 289.

8. 이에 대해서는 다음을 참고하라: Bethge, *Bonhoeffer*, 특히 563ff., 611ff., 652ff., 673ff.

9. Dietrich Bonhoeffer, *Illegale Theologenausbildung: Finkenwalde* (1935-1937), hrsg. von Otto Dudzus/Jürgen Henkys, DBW, Bd. 14, Gütersloh 1996, 152f.

10. 다음 저서에 수록됨: *Bonhoeffer in Finkenwalde. Briefe, Predigten, Texte aus dem Kirchenkampf gegen das NS-Regime* 1935-1942. *Studienausgabe mit Hintergrunddokumenten und Erläuterungen*, hg. von Karl Martin, Wiesbaden/Berlin 2012.

11. DBW, Bd. 14, 75-80.

12. DBW, Bd. 14, 78; 강조는 P.Z. (필자)가 한 것임.

13. 이에 대해 Bethge, *Bonhoeffer*, 535 참고.

14. DBW, Bd. 14, 78.

15. 베트게가 본회퍼의 삶을 평가하며 유독 신중한 태도를 보인 이유는 전기를 집필하던 당시의 시대적 배경을 고려할 때 충분히 이해할 수 있다. "형제의 집 입회 신청서와 생활 형태는 고전적인 수도 서원의 아주 초기적인 조짐을 보여 주지만, 그것들은 제도적인 의식화 형태로 실행되지 않았으며 미래의 어떤 조직을 만들기 위해 계획된 것도 아니었다"(Bethge, *Bonhoeffer*, 535).

16. Dietrich Bonhoeffer, *London* (1933–1935), hrsg. von Hans Goedeking u.a., DBW, Bd. 13, Gütersloh 1994, 273.

17. 1979년판 *Gemeinsames Leben*에 실린 에버하르트 베트게의 후기 (München, 16판, 1979, 106-113).

18. Finkenwalde, 1936년 5월 22일, 에버하르트 베트게와 공동 집필, DBW, Bd. 14, 945-50.

19. 1936년 10월 14일 자 편지, 다음 저서 수록: Bd. 14, 252f. 말년의 카를 바르트는 비로소 자신의 의견을 수정하여 칭의(Rechtfertigung)와 성화(Heiligung)라는 주제에 관해 본회퍼와 큰 틀에서 견해가 일치했다고 밝혔다(*Kirchliche Dogmatik* (*KD*) IV/2, 604, 612f.).

20. 앞의 책, 237.

21. 다음 저서에 수록됨: Martin Luther, *Ausgewählte Werke*, hrsg. von H.H. Borchert/Georg Merz, Bd. 1: *Aus der Frühzeit der Reformation*, München, 3판, 1963, 382-394.

22. DBW, Bd. 14, 77.

23. *Luther Deutsch*, hrsg. von Kurt Aland, Göttingen, 3판, 1983, Bd. 8, 440.

24. 이하의 내용은 Bethge, *Bonhoeffer*, 529ff. 참고.

25. Zimmermann, *Bruder*, 69 참고; Bethge, *Bonhoeffer*, 474f. 참고.

26. 이하의 내용은 Bethge, *Bonhoeffer*, 529ff.; Zimmermann, *Bruder*, 78f. 참고.

27. 본회퍼는 영국에서 이 운동을 가까이 접했음이 분명하다. (이에 대해 Zimmermann, *Bruder*, 63; 또한 DBW, Bd. 14, 515f. 참고).

28. 오늘날 가톨릭에 널리 퍼진 소위 '성경 나눔'과 유사한 방식으로 성경을 매개로 대화하는 것을 의미한다.

29. Zimmermann, *Bruder*, 78.

30. 오늘날의 학술적인 성경 해석학과 관련하여 한마디 덧붙이고자 한다. 성경을 연구한다는 이유로 여기저기서 가져온 자료나 지엽적인 것들로 본문을 제멋대로 나누다 보면, 성경이 그 자체로 독립적인 대화 상대가 될 수 있을지 의문이다.

31. DBW, Bd. 14, 146 (원서 강조).

32. 앞의 책, 144f.

33. 다음 사실은 본회퍼의 제자이자 전기 작가인 볼프 디터 치머만(Wolf-Dieter Zimmermann)이 2004년 3월 25일에 보낸 편지로 알게 된 것이다.

34. 이에 대해서는 특히 다음의 편집자 후기를 참고하라: Dietrich Bonhoeffer, *Gemeinsames Leben / Das Gebetbuch der Bibel. Eine Einführung in die Psalmen*, hrsg. von G. L. Müller/Albrecht Schönherr, DBW, Bd. 5, München 1987, 141ff.; 개신교 공동체의 역사와 신학에 대해서는 여전히 독보적인 다음 표준 저작을 참고하라: Johannes Halkenhäuser, *Kirche und Kommunität. Ein Beitrag zur Geschichte und zum Auftrag der kommunitären Bewegung in den Kirchen der Reformation*, Paderborn, 2판, 1985; 또한 Gottfried Wenzelmann, *Nachfolge und Gemeinschaft. Eine theologische Grundlegung des kommunitären Lebens* (Calwer Theologische Monographien, Bd. 21), Stuttgart 1994; Christoph Joest, *Spiritualität evangelischer Kommunitäten. Altkirchlich-monastische Tradition in evangelischen Kommunitäten von heute*, Göttingen 1995.

35. 다음을 참고하라: Manfred Seitz, *Praxis des Glaubens. Gottesdienst, Seelsorge und Spiritualität*, Göttingen, 3판, 1985, 특히 155ff.; 같은 저자, *Erneuerung der Gemeinde. Gemeindeaufbau und Spiritualität*, Göttingen, 2판, 1991, 특히 57ff.; 그리고 그가 공동 편집한 저작: Horst Reller/Manfred Seitz, *Herausforderung: Religiöse Erfahrung. Zum Verhältnis evangelischer Frömmigkeit zu Meditation und Mystik*, Göttingen 1980. 또한 다음을 참고하라: Christian Möller, *Der heilsame Riss. Impulse reformatorischer Spiritualität*, Stuttgart 2003, 특히 143ff. 이하.

36. Christian Grethlein, *Christliche Lebensformen Spiritualität*, in: *Glaube und Lernen* 6, 1991, 114.

37. 예를 들어 다음을 참고하라: Fulbert Steffensky, *Was ist liturgische Authentizität*,

in: *Pastoraltheologie* 89, 2000, 105-116.

38. Grethlein, *Lebensformen*, 115.

39. Manfred Seitz, Art. *Frömmigkeit II*, in: *TRE*, Berlin/New York 1983, Bd. 11, 676.

40. 최근의 다음 저서를 참고하라: Manfred Josuttis, *Religion als Handwerk. Zur Handlungslogik spiritueller Methoden*, Gütersloh 2002.

41. 이에 대해 다음을 참고하라: Ralph Kunz/Claudia Kohli Reichenbach (Hrsg.), *Spiritualität im Diskurs. Spiritualitätsforschung in theologischer Perspektive*, Zürich 2012, 특히 113-157; Sabine Hermisson/Martin Rothgangel (Hrsg.), *Theologische Ausbildung und Spiritualität*, (출간 예정); Sabine Hermisson, *"Spirituelle Kompetenz". Eine qualitativ-empirische Studie zu Spiritualität in der Ausbildung zum Pfarrberuf*, (출간 예정).

참고 자료 안내

페터 치머링이 정리한 디트리히 본회퍼의 생애와 저작에 관한 추가 자료는 다음 인터넷 주소에서 찾아볼 수 있다.

- 〈자유로 가는 길의 정거장: "디트리히 본회퍼의 생애"〉(Stationen auf dem Weg zur Freiheit: Dietrich Bonhoeffers Leben)

  https://media.brunnen-verlag.de/Bonhoeffer_Leben.pdf (본회퍼의 생애를 다룬 PDF 자료)

- 〈자유로 가는 길의 정거장: "디트리히 본회퍼의 저작"〉(Stationen auf dem Weg zur Freiheit: Dietrich Bonhoeffers Werk)

  https://media.brunnen-verlag.de/Bonhoeffer_Werk.pdf (본회퍼의 저작을 다룬 PDF 자료)

1 천로역정   The Pilgrim's Progress

존 번연 지음 | 정성묵 옮김 | 304쪽

멸망의 도시를 나와 험지를 지나고 햇빛 비치는 산과 어두운 골짜기를 지나 하나님이 지으신 천성을 향해 묵묵히 가는 크리스천의 순례를 담다.

2 팡세   Pensées

블레즈 파스칼 지음 | 최종훈 옮김 | 608쪽

'살아 있는 신'을 만난 천재 파스칼의 미완의 역작. 인간 본성의 모순과 이중성을 심리학적·사회적·형이상학적·신학적으로 탐구하다.

3 천로역정 2: 아직 끝나지 않은 이야기   The Pilgrim's Progress II

존 번연 지음 | 정성묵 옮김 | 268쪽

이토록 서로 다른 존재들이 과연 끝까지 함께 갈 수 있을까? 강건한 사람과 연약한 사람이 서로를 지지해 주는 친밀하고 가슴 뭉클한 신앙 공동체를 만나다.

4 하나님을 추구하다   The Pursuit of God

A. W. 토저 지음 | 홍종락 옮김 | 188쪽

때를 얻든지 못 얻든지 밤낮으로 기도하며 하나님을 뜨겁게 추구하자. 우리가 사는 지금 여기가 오롯이 하나님만 바라고 예배하는 거룩한 시내요, 성소가 되기를!

5 사막 교부들의 금언록   Les Apophtegmes des Pères

사막 교부들 지음 | 쟝 끌로드 기 엮음 | 남성현 옮김 | 268쪽

하나님을 향한 초월적인 사랑을 품고 복된 수도자의 삶을 살아간 사막 교부들. 그들의 경이로운 삶의 방식을 보고, 완전한 덕을 향해 나아가라는 권면의 말씀을 듣다.